KAMINOGE Nº145

Cover ILLUSTRATION:
Muscle Sakai

HELLO

HELLO

PETIT KASHIMA

俺の人生にも、一度くらい幸せなコラムがあってもいい。

VOL.144

2023年の漢字は「馳」である

プチ鹿島

清水寺でお坊さんが発表していた。2023年の漢字は「税」だという。そうかなぁ。私は「熊」だと思っていた。被害は本当に深刻だった。その他に浮かんだ候補は「旧」「闇」である。「旧」は「旧ツイッター」「旧統一教会」で目立った。「闇」は闇バイト、芸能界の闇だった旧ジャニーズ問題だ。あ、ここにも「旧」があった!

さて大事な漢字を忘れていた。それは「馳」である。2023年の馳浩は元日から年末まで1年中やらかしていた。

まず元日。馳浩は日本武道館で開かれたノアの興行に〝X〟として登場した。私はこの試合を現場で観戦していたが、石川県知事という激務のなかでコンディションを整えてリングに上がったことはさすがだと思った。まぁ、ここまではよい。問題はそのあとだ。馳知事は1月27日の定例会見で、自身が元日に出場したプロレスの試合をめぐり、石川テレビには元日のプロレス映像は提供しないと明言したのだ(他の報道機関には提供)。

映像提供を拒否した理由は、石川テレビ制作のドキュメンタリー映画『裸のムラ』(五百旗頭幸男監督)で、馳や県職員の映像が無断で使用されていたとして「肖像権の取り扱いについて、倫理的に納得できていない」というのだ。

『裸のムラ』は権力を持ったおじさんの振る舞いや、それに対する忖度や同調圧力を描いていて馳浩も森喜朗も〝出演〟していた。

だから馳はこの映画でよほど痛い所を突かれて気に入らなかったのだろう。映像を貸さないとか、めちゃくちゃな意趣返しである。馳は定例会見に石川テレビ社長の出席を要求し、それが実現しないという理由で3月以降、知事の定例記者会見が開かれない状況が続いている。やりたい放題だった。

そして11月に事件が起きた。馳が講演で、東京五輪招致のために国際オリンピック委員会(IOC)委員に対し、官房機密費を用いて贈答品を渡したと語ったのだ。当時

プチ鹿島(ぷち・かしま)1970年5月23日生まれ。芸人。『教養としてのアントニオ猪木』(双葉社)好評発売中です。よろしくお願いいたします。

の安倍首相から「かならず勝ち取れ」「金はいくらでも出す。官房機密費もあるから」と告げられ、100人余りのIOC委員に対して1冊20万円のアルバムを全員分作成して贈ったという。五輪買収疑惑である。招致推進本部長だった馳による証言だから信用できる。このあとに慌てて撤回したからなおさら信用できる。

今回の馳の発言は失言とかバカ正直というより「俺はこれだけ力がある」と自慢したようにしか見えない。安倍氏や森喜朗氏の下で五輪招致に動いた自分の力を誇示したかったのだろう。いかにも馳浩らしい虎の威を借るキツネ感である。90年代のバリバリのプロレスラー時代から漂う雰囲気そのままである。そしてオフレコと称して言えばマスコミは書かないだろうと高を括っていたことも馳っぽい。地元でマスコミに強権を振るっていた悪癖が東京の講演でも出たのだ。みっともない。

さて、ここからが私が『KAMINOGE』読者に伝えたいことである。おしゃべり馳浩に対し、自民党内からも苦言が出たという記事があった。抜粋する。

《自民党のあるベテラン県議は、「(知事は)少しやっぱり発言が軽すぎる。プロレスラーだから、みなさんから親しみを受けるためにパフォーマンスもいいかもわからんが、もう完全なる公人なんだから。ぽろぽろ機密をしゃべっちゃいかんわね」と語った。》(朝日新聞デジタル・11月18日)

この「プロレスラーだから」という部分。ああ、こうしてまたプロレスラーという存在が勝手に論じられてしまう。そもそも私は「世間から馳浩がプロレス界を代表していると見られている」という状態がいちばん納得できない。バカ言うなである。馳浩は1995年、あっさり政界へ転身した。本人は「白鳥」へのステップアップを最初から考えていたのかもしれない。同郷の森喜朗にスカウトされた姿を見て「ああ、なるほど」と思った。それまで馳に感じていたやり手感、鼻につくほどソツのない立ち居振る舞い。これはプロレス界ではなく政界ならもっとハマるはずだと納得したのである。

あまりに昭和のレスラーと違うので馳に対しては違和感しかなかったが、そこまで感じさせるしたたかさがあった。馳はプロレス馬鹿には見えなかった。合理的すぎる姿が私からすれば物足りない点でもあった。同感の方もいるかもしれない。

なので私は昔から言っているのだが、馳浩を「プロレスラー議員」枠で語るのは間違いなのである。ましてや世の中が馳を「プロレスラー代表」として語るのは間違いなのだ。絶対に。

ところが馳はやはり出世して大臣にも知事にもなった。だからなのか馳が何かやらかすたびに「これだからプロレスラーは……」と言われる。私はそれが嫌で嫌で仕方ないのだ。あたかも馳はプロレス界で泥臭く生きてきたレスラーみたいではないか。プロレスにしがみつくしかない哀愁あるレスラーみたいではないか。それは違う。馳はプロレスのイメージを間違えさせる元凶にもなっている。だから反省を込めて2023年の漢字は「馳」なのだ。

あ、でも馳が機密費について告白したからやっぱり「税」か。

KAMINOGE
KING OF STRONG STYLE

収録日：2023年11月16日　撮影：タイコウクニヨシ　聞き手：井上崇宏

いちばんスゲーのはWWEなんだよッ!!!!!
と口にはしないが、世界最高峰のプロレスラーは
WWEスーパースターとしての矜持を示し続ける。

中邑真輔

キング・オブ・ストロングスタイル

「日々、心の底からフルチンになって
楽しめているかって言うと、どっかで冷静な自分と
『チャンスが降ってきますように……』と
祈っている自分がいて。
実力だけではどうにもならない世界で、
だけどがんばるという行為を
やめるわけにはいかない」

ご存知のように2023年10月より、ABEMAがWWEのメイン大会であるロウとスマックダウン2大会を日本国内独占放送中だ。

日本では、これまでもいろんなメディアでWWEが放送されてきたが、ABEMAは日本語実況による最短配信を実現するなど、これまでのメディアとは〝本気度〟が違うようだ。

本気でWWEを日本に根づかせようという気概を持つABEMAと共同戦線を張る形となったWWEスーパースター・中邑真輔が、ABEMAの記者会見出席とプロモーションのために2023年11月に緊急帰国した。

「試行錯誤もあるとは思いますけど、ABEMAを通じて日本でも一気にWWEの視聴者が拡大してくれたらいい」

――ひょっとして、今回の帰国は2泊3日ですか？
中邑　はい。きのうの16時くらいに日本に着いて、今日1日と明日もフライトまでABEMAさんの各種プロモーションが入っている感じですね。かわいそうでしょ？（笑）。
――かわいそうですね（笑）。実質2日くらいの滞在で、今日も朝からすみません。でも、それがWWEスーパースターの日常ではありますよね。
中邑　これが日常的な動きではあって、向こうに戻ってもすぐに週末のハウスショーに出るし。ひょっとしてこの週末は出番なしかなって思ってたら、「いや、外せない」と言われて。まあ、ありがたいことですよ。
――いきなりですけど、最近知って驚いたのは、いまってアメリカ人はあまり野球を観ていないと。
中邑　ほう。
――アメフトとバスケはずっと人気で、あとはWWEとUFCっていう。要するにアメリカでは大谷翔平よりも中邑真輔のほうが全然有名だって聞きました。
中邑　ボクが野球をあまり観ていないから、そのへんの事情がよくわからないんですけどね。でも自分で言うのもなんですが、たぶんそうですね。やっぱりアメリカってとんでもなく広いから、地域性があって、フットボールが強い街では野球なんか観ていたら非国民的な扱いをされる場合もあるっていうか。でもWWEは観ている層が幅広いですから。子どもからおじいちゃん、おばあちゃんまで観ていますからね。
――みんなの娯楽。でも、いま日本のプロレスってそうはなっていないわけで、だから今回ABEMAでWWEの放送が始まりましたけど、いよいよWWEの見方や伝え方というものが問われているのかなと。
中邑　そうですね。日本での視聴環境が、これまでとは天と地の差くらいよくなったわけですからね。

——正念場ですよ。

中邑　それこそ無料じゃないですか。アメリカですらスマックダウン、ロウを観ようと思うと、いちおうケーブルに加入しておかなきゃいけないんですよ。だから、どの地域でも観られるけど、じつはタダではないっていう。そういう意味では、地上波と同じ感覚で観られるＡＢＥＭＡってすげえなって。だからまあ、これから試行錯誤もあるとは思いますけど、これを機に日本国内でも一気にＷＷＥの視聴者が拡大してくれるといいですよね。

——無料でスマホでも観られるということは、たまたま通りすがりの人の目にも触れるっていうことですもんね。

中邑　そういう意味ではＷＷＥはストーリーテリングを第一にやっていますから、これまでプロレスを観たことがなかった新規のお客さんでも楽しめるんじゃないかなとは思いますね。見た目のインパクトも派手ですし。

——ボクは正直、ＷＷＥの正しい見方がよくわかっていないのか、10月にセス・ロリンズのＷＷＥ世界ヘビー級王座に挑戦した試合をそれこそＡＢＥＭＡで観ましたけど、中邑さんが敗れて「なんだよ！　負けたのかよ！」って、けっこう半ギレしちゃう感じですね（笑）。

中邑　まあでも、それは間違いじゃないですよ。負けることにフラストレーションを覚えるっていうのも間違ってはいなくて、街なかでもよく「なんでシンスケ負けたんだよ！　おまえが勝つべきだったよ！」って言われますもん。そのたびにボクは苦い顔をして（笑）。

——陳情ですね（笑）。自分でも、こんなに結果重視の人間だったかと驚くんですけど。

中邑　ただ、よくよく考えてみると、ボクはここぞというところでやっぱり勝てていないんですよね。最近はＸ（旧ツイッター）のおすすめにフォローをしていない人のコメントもバンバンあがってくるじゃないですか。だからこのまえも「中邑、また負けたのかよ」って。「中邑はこんなにＷＷＥのタイトルマッチをやってるのに全部負けてる」っていうやつとかを読むと、本当にすげえやってんなと思って。まあ、今回はひさしぶりのタイトルマッチだったんですけど、「あっ、こんなにやって、こんなに負けてるんだ、俺」と。それでふと思い出したのは、新日本時代のＩＷＧＰもそうだったなって。

——ＩＷＧＰを獲ったのは計3回ですね。

中邑　最初の一発目はスパッと獲りましたけど、そのあとボクは2回しかあのベルトを巻いていないんですよ。けっこう至るところで挑戦しては負け、「何回挑戦してんの？」っていうくらいに負けてるから、ボクのプロレス人生のなかでは「まあ、べつに普通か」と思っちゃって。いつも順風満帆、

常勝チャンピオンではなかったので「べつにいっか」って。そりゃ勝ちたいし、そのためにやっていますけど、そこはひるんでるところじゃねえなとは思っていますね。

「ボクは奇跡を起こす星のもとに生まれてきたんで。いちばん楽しんでいるのはボク自身ですから（笑）」

――そのまえに、ことＷＷＥに関しては、何度もタイトルマッチをやっていること自体に着目しろよっていう（笑）。

中邑　あー、そうですね（笑）。だからって「こんなすげーポジションで中邑ががんばってるよ」って感じで観てほしいわけでもないですけど。でもまあ、日本的な見方っていうのは確実にあるだろうし、ついつい地元びいきも当たり前のようにあるだろうし、やっぱり日本人が活躍することで、それがフックとなってもっと日本の人にも観てもらえたらうれしいですよね。いまだに「日本人がこんなところで、こんなことやってんの!?」って驚かれることはあるので。だからいちいちひるまずに続けていくことが重要だし、それはわかりきったことなので、観るほうがそれぞれ感じるままに評価していただいてけっこうですって感じですけどね。

――あと言えるのは、野球やバスケと違って、プロレスっていろんな国で、いろんな団体がそれぞれの主張とスタイルでやっているから、かならずしもＷＷＥがプロレスピラミッドの頂点ではないというプロレスファンの見方もありますよね。

中邑　好みの細分化ですね。ＷＷＥは露出が多いぶん、ファンや視聴者数の規模が圧倒的に大きいですけど、「いや、俺はそうじゃねえんだ。絶対にインディーのほうがいいし、そっちが俺の好みなんだ」っていう、もっと近い目線で観るプロレスのほうが好きなんだっていう人もいるから、そこは「メジャーじゃないと認められない」っていう世界ではないなと思っていますけどね。それがプロレスのいいところでもある。それでもプレイヤーから言うと、やっぱり「選手の技量」という角度で見る部分もある。それはどういう場所で、どういう規模の箱でやってるかっていうステータスは関係なく、プレイヤー側だからわかる部分というか、お客さんとはまた違う目線で評価をしていますよね。

――そのプレイヤー側と観る側の評価が一致した瞬間というのが、２０２３年元旦のノアでのグレート・ムタ戦じゃないですか？　あれは「あっ、中邑はふらっとアメリカからやってきて、これくらいの大仕事をさらりとやってのけて帰っていくんだ」ってなりましたからね。これはピラミッドの頂点だなと（笑）。ああいうほかのリングに上がって試合するというのは、やっぱＷＷＥのスーパースターは伊達じゃないってことがわかりやすくていいなと思っちゃいましたけど。

中邑　「ちゃんと錆びついてねえだろ?」みたいな（笑）。まあ、錆びついてるもなにも、ずっとやっていますから錆びるわけがないんですけど。たしかにあそこでちゃんと実力を発揮したっていうよりも、本来持っている実力をちゃんと見せて帰ることができたことはよかったですね。まあでも、あれも本当にギリギリのタイミングでWWEがオッケーして奇跡でできた試合だから、自分にとっても特別な試合ですよね。

――その手の語り口は中邑さんからよく聞くんですけど、ちょっと奇跡を起こしがちじゃないですか?

中邑　はい。ボクはそういう星のもとに生まれてきたんで。いちばん楽しんでいるのはボク自身です（笑）。

――あっ、そういえばさっき待ち時間に（カメラマンの）タイコウさんと雑談をしていて、楽しいには〝ウソ楽しい〟と〝ガチ楽しい〟っていうのがあったとして、ボクってひょっとしてウソ楽しい人生なのかなって（笑）。

中邑　どういうことですか?

――「俺の人生は楽しいんだ」と常に自己暗示をかけているというか。

中邑　「俺は本当はそこまで楽しくないんだけど、楽しいようにふるまってるんだ」と?

――概ね楽しいんですけど、そうふるまっていると、さらに楽しいほうに向かうかなっていう（笑）。でもタイコウさんを普段から見ていると、ちょっと自信がなくなるんですよね。この人は絶対に100パー、ガチ楽しいじゃないですか。

中邑　絶対にそうですね（笑）。

タイコウ　毎日がマジで楽しい（笑）。

――中邑さんはどっちですか?

中邑　ボクはどうなんだろうなあ……（笑）。本当に日々、心の底からフルチンになって楽しめているかって言うと、やっぱりどっかで冷静な自分がいて、祈っている自分がいるんですよ。

――祈っている?

中邑　「チャンスが降ってきますように……」みたいな。こんな世界ですからね。もちろん実力を磨き続けていますけど、それだけではどうにもならない部分が非常に多いので。だから武藤（敬司）さんにも言われたんですよ。「おまえさ、どの方向にがんばっていいのかわかんねえだろ、この会社」って。よくわかってんなーと思って（笑）。まあ、武藤さんもアメリカで働いていたことがあるからそう言うし、それはそうなんだけど、だからといって「がんばる」という行為を辞めたら一気に置いていかれるどころか、奈落の底に落ちるんじゃねえかと思うんですよね。

「ムタとの対戦までの奇跡の流れは『あっ、神様は見てくれていたんだ……』っていうような少年の心になりました」

――がんばっている、プラス祈りですよね。

中邑　それで来るチャンス、来るチャンスをものにするというか。全部のチャンスをものにできているわけじゃないですけど、やっぱりがんばり続けるしかないですよ。がんばって、どっかで祈ってる自分がいるけど、その祈りって悲壮感的なものじゃなくて、どうにか楽しもうとしているっていうところですね。ボクだって手放しで「ガチ楽しい！」って言いたいですよ。そうなるように……とにかくがんばってます（笑）。

――でも、そんな時期はないのかもしれないですけど、がんばっていないときに突然すくい上げられたりする場合も絶対にありますよね？

中邑　あります、あります。

――だから、どの方向にがんばればいいのかわからなくなる（笑）。

中邑　そんな世界で生きているから、グレート・ムタとの対戦までの奇跡の流れは「あっ、神様は見てくれていたんだ……」っていうような少年の心になりましたね。

――ご褒美をもらったような気持ちになった。

中邑　でも本当にどんな形であれ、報われる瞬間っていうのがあるんですよね。そのひとつがムタ戦でした。

――少年時代にファンだった人だけど、自分もプロレスラーになったことでその憧れの気持ちにずっと蓋をしていて。そしてその人のラストに紆余曲折ありながら奇跡的に立ち会うことができ、最高の試合を観せることができた。

中邑　そうなったっていうのは、自分の人生のなかに物語性を感じざるを得ないっていうロマンチックモードになりますよね。普段はね、ヘラヘラと井上さんとポッドキャストであでもねえ、こうでもねえとバカなことを言ってますけど（笑）。

――ヘラヘラしてるだけの俺じゃねえと（笑）。

中邑　まあでも、ちゃんといろんな角度の自分を楽しんでいるのかなとは思いますね。できるかぎり。もったいないから。人生1回きりだから。

――ちょっと話を「伝え方」に戻すんですけど、たとえばアメリカのメディアでＷＷＥが報道されることってあるんですか？　それとも自前のメディアで発信するのがメインって感じですか？

中邑　最近は後者ですよね。だからプロレスメディアっていうのも、それこそネットメディアしかないんじゃないですかね。たとえば『Ｆｏｒｂｅｓ』とかが、たまにＷＷＥの記事を作って出したりもしますけど、それも敵か味方かわからないっていうか（笑）。

——どういうつもりで扱っているんだと（笑）。

中邑　中立なのか、好きなのか嫌いなのかもよくわからない。だから書く記者にもよりますよね。プロレスに好意的な記者もいれば、うがった見方をしている記者もいるでしょうから、その人の好みをモロに出している記事を書いたりしていることもありますし。なので、基本的にはWWEが自分たちで伝えたいように発信していますよね。日本のようにスポーツ新聞が来て、囲み取材を受けて、こっちが「こういうふうに書かれてほしいな」っていう注意したしゃべり方をしなくても、WWEがこっちの意とするところをファンにちゃんと受け取ってもらえるようにYouTubeだったりテキストとかで発信しています。まあでも、それがプロモーションとして当たり前のことかなとは思いますけどね。

——それを受けて、ファンはSNSとかでリアクションをすると。

中邑　あとは、たまにこういう『KAMINOGE』で井上さんとしゃべるような対談形式の取材を受けることもあるんですけど、それがどこで発表されるかといったらポッドキャストだったり、その人が持っているホームページだけとかで、それがリンクで拡散されてXの中でどうぞっていうものとか。だからメディアの文化は日本とは全然違っていて、それこそアメリカには紙のメディアがほぼないんですよね。だから一般の人が街でたまたま週プロとか東スポの見出しが目に入ったとかっていう触られ方はしないから、そういう情報は自分で取りに行かないといけない。なので、WWEがあの手この手を使って、SNSを駆使したりして、いかに人の目に触れるかっていうのを自社で発信している感じですね。

「今後、日本のプロレスをすっ飛ばしてWWEを目指す人間が出てくるんじゃないかという気もする」

——これは本当に初歩的なことを聞くんですけど、アメリカのWWEファンってどういう人たちなんですか？

中邑　本当にいっぱいいるから一概にはくくれないんですけど、会場に観に来ているファンというのは、行く先々で、家族連れとか若いカップルで来たりもするし、プロレスを観ることが習慣になっているおじいちゃん、おばあちゃんたちもいるし、本当に幅広いですね。みんな日々働いて、お金を貯めて、「俺の街にやってきたぜ！」と盛り上がってくれているような感じ。普段は地元のインディーばっか観てるけど、「やっぱりWWEが来たら観に行くぜ！」みたいな人たちとか。

——あの盛り上がり方を見ていると、みんな参加意識がめちゃくちゃ高いですよね。ごきげんなTシャツに短パン・ジーンズ姿で、絶対にガチ楽しい人たち（笑）。

中邑　だから最近は日本でもそうですけど、いい歳した大人でもビデオゲームをずっとやってるし、けっこうな数の大人がアニメTシャツを着てます。たとえばボクが住んでいるオーランドでも、ディズニーのエリアにくら寿司ができましたとなったら、「おっ、これが日本の回転寿司か！」って、そのくら寿司に行くためにわざわざ『幽遊白書』のTシャツを着てくるんですよ。

――なるほど。正装ですね（笑）。

中邑　そう。彼らの（笑）。しかも「そのキャラクターの名前、なんだっけ？」「そんなTシャツあったんか！」って思うようなマニアックなやつだったりとかして、髪の毛をピンクや緑にして、いかにもアニメが好きですっていうのが集まって、くら寿司のブースでキャッキャ言いながらビックらポン！が出てくるのを待ってる姿を見ていると、自分が好きなものに対して脇目も振らずに一直線なんだなって。そういうガチ楽しいヤツらがプロレス会場にもいっぱいいるから、そういう彼らの一直線な感情表現は、ブーイングでも応援でもリングまで伝わってきますよね。

――感情が一直線という言い方はわかりやすいですね。

中邑　ただ、会場ではボクにブーイングをしておきながら、

出待ちのときに「頼むからシンスケ、サインしてくれよ！」って。「おまえ、言ってることをやってることが違うじゃねえか！」って（笑）。

――たまに曲線もある（笑）。

中邑 どっちも本物のアイツなんだろうなって（笑）。それもガチ楽しいんですよ。マジでおまえのファンだから！」って言いながらジョン・シナのTシャツを着てたりとかね。「でも俺のTシャツじゃねえじゃん」って言ったら、「いや、それは……」って（笑）。「俺、だからおもしろいですよね。いや、楽しみ方っていうのは国それぞれの国民性でいいんですよ。日本とドイツのファンがちょっと気質が似てるかな？ べつに毎年ドイツのツアーがあるわけじゃないんですけど、ベルリンにWWEが来るとなったら、ベルリン周辺からクルマで5時間くらいかけて来てくれるんですよ。

――〝密航〟だ。

中邑 はい。そういう律儀なところは日本と似ていますよね。それで会場に入って席に座ってからも、歓声とか拍手の仕方とかが日本っぽいんですよ。アメリカ人は最初からもう誰が出てきても「ギャー！ ヤッター！」ぐらいのノリだけど（笑）。まあでも、そっちのノリあこがれもあるっていうか、日本のユニバースもドイツのユニバースも、ある種の恥ずかしさを含みつつのアメリカっぽいチャントをするっていう。

――日本にも熱狂的なWWEファンがいますけど、あの人たちもガチ楽しい人種ですよね。会場に好きな選手のコスプレをしてはしゃいでいるのを見ると「いいなー」って思います。

中邑 ガチ楽しいでしょうね。自分の世界をちゃんと確保している人たちっていう。そういう人たちってプロレスファン以外にもたくさんいると思うので、とにかく日本でもWWEという存在をもっと知ってもらうっていうことが大事だと思いますね。だから２０１４〜２０１６年と新日本プロレスがプ女子だったかな、既存のプロレスファンじゃない人たちがやってきて、お客さんの質が一気に変わったじゃないですか。やっぱり女性のほうが行動力があって、実際に会場に観に来て、うんちくを言わずに心の底からキャーって楽しむっていう。彼女たちもガチ楽しい人たちですよね。

――まさに。

中邑 それがどういう没頭の仕方であれ。選手のビジュアルで好きになるっていうのもありだし、「この次はどうなるの？」っていうストーリーをフックにするのもそうだし、「アイツ、ムカつく！」ってヤジを飛ばしに来させるっていうのもありだし。そういう意味では今回ＡＢＥＭＡさんが無料でスマックダウンとロウでメインストーリーを追えるような形にしてくれたっていうことは、本当にプレイヤーからすれば非常に喜ばしいことですよね。ＡＢＥＭＡで毎週観ることが習慣になれば、もっともっと浸透していくだろうし、ボクにとってはABEMAで放映されるってのはいいことしかないから（笑）。もっとWWEという楽しいものがあるということを知ってほしいなって思いますね。

——WWEに移籍して8年目にして、日本にもWWEを根づかせるという役割が中邑真輔に与えられましたね。

中邑　まあ、ASUKAなんかもそうですね。いまはあのコのほうが活躍が凄いから。ボクもまだまだコンディションに気をつけながら、自分自身が行けるところまで行かなきゃいけないとは思っています。だから今後、日本のプロレスをすっ飛ばしてWWEを目指す人間も出てくるんじゃないかなという気もしますけど。

——あっ、たしかに。そのパターンはあるかもしれませんね。

中邑　そこはちょっと楽しみだし、ボクが現役で活躍しているあいだに出てくるとおもしろいなとは思いますね。

INFORMATION

ABEMAでWWE！ 火曜は『RAW』、土曜は『SMACKDOWN』を毎週夜9時無料放送中。ABEMAのプレミアムなプラン「ABEMAプレミアム」に登録すると『レッスルマニア』ほか、すべてのPLE大会が見放題!!

中邑真輔（SHINSUKE NAKAMURA）
1980年2月24日生まれ、京都府峰山町出身。WWEスーパースター。
高校よりレスリングで鍛え、青山学院大学卒業後に新日本プロレスに入門。2002年8月29日、安田忠夫戦でデビュー。当時、新日本の格闘技路線の申し子として総合格闘技に参戦する一方、2003年12月に最年少でのIWGPヘビー級王座戴冠を果たす。2016年1月に新日本を退団して同年2月にWWEと契約して渡米。WWEでは本名＝リングネームで登場をして、2018年のロイヤルランブル優勝やレッスルマニアでのWWE王座挑戦などを経て、2020年7月にはセザーロとスマックダウンタッグ王座を獲得するなど活躍。2023年1月1日、プロレスリング・ノア日本武道館大会でグレート・ムタと対戦してキンシャサでフォール勝ちを収めた。現在はWWE入団以降、幾度となく抗争を展開してきたセス・ロリンズの保持するWWE世界ヘビー級王座を巡る闘いに身を投じている。

ジャケット¥296,000、カットソー¥40,000、
パンツ¥274,000（以上ヨウジヤマモト｜
ヨウジヤマモト▲プレスルーム）
［問い合わせ先］
ヨウジヤマモト
107-0062　東京都港区南青山5-3-6 3階
03-5463-1500
㈱ヨウジヤマモト 広報宣伝部
スタイリング：里山拓斗（LUCKY STAR）

第144回 新年のご挨拶と煩悩短編小説2024

バッファロー吾郎A

バッファロー吾郎A/本名・木村明浩（きむら・あきひろ）1970年11月24日生まれ/お笑いコンビ『バッファロー吾郎』のツッコミ担当/2008年『キング・オブ・コント』優勝

新年、明けましておめでとうございます。

今年は何度か博多に行くことになりそうなので、機会があれば博多でプロレスを観戦したいと思っていますし、博多だけでなくいろんなところにプロレス観戦目的で旅行できたらいいなと思ってます。

それでは本編をご覧ください。

『煩悩短編小説』とは煩悩の数である百八つにちなんで百八文字以内の超ショートショートである。

オチをあえてフワッとさせているのが煩悩短編小説の特徴で、映画でたとえるならハリウッド映画というよりはフランス映画といった感じだろうか。

去年からまた書き始めたので、ご覧いただきたい。

【左頬に大きな傷がある男】

酒場でひとり呑んでいるとひとりの大男が入ってきた。腕は丸太のように太く眼光の鋭さは明らかにカタギではない。そして左頬の大きな傷。

男とバーテンダーの会話が聞こえてくる。

左頬の傷は刀傷ではなく新しい紙で切れた傷らしい。

【千羽鶴】

いよいよ夏の予選が始まる。三年の俺にとって最後の大会。マネージャーや一、二年の後輩達、そしてレギュラーになれなかった三年生が必勝祈願で折ってくれた千羽鶴にビーフシチューをこぼしてしまった。

しかもけっこうな量を…。

【おとぎの森のお菓子のお家】

おとぎの森に念願のお菓子のお家を建てることができた。ウエハースの屋根やチョコレートの扉などホント最高!

けど、近所の公園で若者達が夜中でも大騒ぎをするし、ゴミ出しの日を守らない人が多いし住み心地はよろしくない。

【片思い】

授業中、先生の話が退屈で窓からの景色を見るというのは建前で、本当は窓際の席に座っている彼女を見ている。彼女も授業に興味がなさそうで、ペンを回しながら窓の外を眺めている。

あっ、回しているのはペンじゃない。

子持ちシシャモだ！

【高校OB】

「学力？　学力は中の上くらいかな。湘南だったら海とかいろいろ有名なモノがあるんだけど、学校自体は俺が二年の時にバスケ部が全国大会に出場したことがあるくらいかな」

と、大学の友人に出身高校の説明をする湘北高校の帰宅部だった奴。

【豆まき】

豆まきで豆を投げすぎて、大谷翔平選手が受けたことで有名なトミー・ジョン手術を私も受けて無事成功しました。

また豆まきができます！

【アブダクション（宇宙人が人間や動物を連れ去る行為）】

夜道をひとりで歩いていると夜空に突然UFOが出現し、光線が私に向かって放たれると身体が宙に浮いてUFOに吸い込まれていく。

これはアブダクションだ。

しかし、光線の威力が中途半端なせいで私の身体は5分位宙ぶらりんのままだ。

【ライスシャワー】

ライスシャワーを浴びる。

生のお米だからちょっと痛かったりするんだけど（笑）、大好きな人との結婚式で大勢の人達が祝福してくれて幸せだから気にならない。

あれ？　誰かお米ではなくシラスを投げてくる人がいる。

私の親族の辺りからだ。

【駅ピアノ】

駅に設置された『駅ピアノ』でドラクエの戦闘曲を弾いていると、横で私人逮捕系ユーチューバーが痴漢を取り押さえて説教をし始めた。まるでピアノがYouTubeのBGMのようになってしまっている。

著作権などは大丈夫なんだろうか？

【ラジオ体操の出席カード】

お盆に帰省して暇なので押し入れを整理していたら、夏休みに公園へラジオ体操に行った時に判子を押してもらえる出席カードが出てきた。なつかしい。私は皆勤賞で判子がいっぱい押されている。

ただひとつ気になったのは判子が実印だったこと。

【離婚届】

結婚して8年。ついに離婚することになった。

今では口もきかない冷めた関係。離婚届に判を押した瞬間ふたりは赤の他人。

私がそう言うと妻は頷いた。

「最後くらい笑って別れよう」

私達は二人羽織で判を押した。

ふたりで最後の共同作業。

2024年もよろしくお願いいたします。

KAMINOGE
HUMANITY DECLARATION

収録日：2023年11月27日　撮影：タイコウクニヨシ　構成：井上崇宏

9年前ふたりは
“青木いつまでUFCに行かないつもりだ問題”を語っていた。
そして現役引退が現実味を帯びてきたいま、
親友たちは何を話すのか――。

青木真也

総合格闘家

ジェーン・スー

コラムニスト・ラジオパーソナリティー

「どんな逆風にも平気だった。平気じゃなかったにしても倒れなかったから。いまだにボクが作ってるものはおもしろいとずっと思っている」

「ここまでいろんな事件がありましたね。根っこの偏屈なところは昔と変わっていないんだろうけど、私はいまの青木さんのほうが好きです」

「いまの格闘技は勝敗関係なく、ニュースにできたら試合に出られちゃう。でもそれだとずっと現役を終われなくなる」（青木）

——青木さんが1月28日のONE日本大会（有明アリーナ）で、セージ・ノースカットと闘うことが決まって、おそらくそれが最後のMMAになるだろうということで。

青木　その記念に、お友達のスーちゃんに来ていただきました。

——スーさんに前回『KAMINOGE』に出ていただいたのが、9年前なんですよね。

スー　ねえ！　もうそんなになる。あのときも青木さんとの対談でね。

——あの頃よりもさらにご活躍をされていて。

スー　いや、もう目の前のことをコツコツとで、それは青木さんと一緒ですよ。何か野望があったわけでも、べつにどこかを目指していたわけでもなく、書く仕事としゃべる仕事を一生懸命やってただけで。

青木　ここ数年で強くなったっすよねえ。

スー　どっちかが連絡しづらくなっちゃったみたいな状況にならなくてよかった（笑）。

青木　最近、この人が凄いなと思うのは、やっぱ人を上げられるのよ。

スー　私はそれがいまいちばん楽しいんですよ。大好きな人たちを発射台に乗せてボーンと飛ばすのが楽しくて、それだけをずっとライフワークにしてやっていきたいんです。

——自分がおもしろいなと思った人をフックアップして、世に送り出すっていう。

スー　ポッドキャストの番組を始めたんですけど、そもそもは『生活は踊る』（TBSラジオ）を月〜金でやっていたのが、金曜日がなくなって堀井（美香）さんが抜けますってなったときに、だったら1日減ることと交換条件でいけるだろうと思って、「ポッドキャストをやらせてくれ」とお願いして。

——『OVER THE SUN』ですね。ぼくのまわりの知り合いの女性もたくさん聴いてます。

スー　そこでは絶対に堀井さんに自由演技させたほうが楽しいと思って始めたら、ありがたいことに爆発的に人気が出て。それで1月26、27日に渋公で2デイズをやるんですよ。

——チケットが即完だったんですよね（笑）。

スー　おばさんがおばさんのチケットを争奪するっていうわけのわからない状態になっていて（笑）。そこからいろいろ派生商品みたいなものも出てきて、話がどんどんうまく回って入ってくるようになって、やっぱそれが楽しいんですよね。

何がやりたいとか、自分がどうなりたいよりも、いま目の前にあることをどれだけおもしろくやれるかっていう。

――おふたりはもうずっと仲良しですよね。

青木　最初はDREAMの頃だったよね。

スー　DREAMから始まって、結局私は総合と言っても青木真也を見ていたので、青木さんがONEに行けばONEを観て。完全にONEに行ったから、日本で試合が観られなくなっちゃったのは凄くさびしいけど。

青木　日本では両国で2回やっただけかな。でもONEで活動できてよかった。そこは正解だったと思うっす。

――よくもまあシンガポールとかでやっておきながら、なんだかんだ盛り上げてきましたよね（笑）。

青木　自分でも奇跡だと思う。でも、いまの格闘技は逆になっちゃっていて、試合の勝ち負けは関係なく、それなりにニュースにできたら試合に出られちゃうんですよ。だけど、それだとたぶんずっと（現役を）終われなくなっちゃうと思う。

スー　そうなると、どうやって店じまいするかが凄く難しいよね。青木ファンとしては、大きな怪我をして、それが原因で辞めるっていうのだけは避けてほしいんですよ。

青木　たとえ大きな怪我をしなくても、やっぱダメージが溜まっていくじゃないですか。ボク、去年（２０２２年）の11月に「カネがもらえるから、まあやるか」という心持ちで試合したんだけど、そのときになんか自分で冷めちゃったんですよね。だから本当に自分が何かを欲しないとやる意味がないというか、やる必要がないと気づいて。

スー　絶対に無茶はしないというか、たとえばこれ以上耐えたらあきらかに致命傷になるのにタップしないとかってことはしない人だと思ってるから、そこは信用してるんですけど、そうなると逆に辞められなくなるんだよなとも思う。

「最終的には青木さんが全部相手を食っちゃってきた。そう考えると格闘家の正解とか成功ってなんなんだろう？」（スー）

青木　そう。だからボクなりに線引きを決めていて、〝仕事〟にならなかった瞬間に辞める。

スー　それはギャラってこと？

青木　ギャラ。極論すると、ギャラが下がるんだったら辞める。やっぱほかのファイターを見ていて、「あっ、この人はもう辞めるのが凄く難しいな」って思うことがあって。もうカネじゃないんだろうけど、そうなったら持ち出しありのオヤジのゴルフじゃん。それなら、たぶんこれはずっとやるよね。でも、それはプロ格闘技じゃないと思うから。

スー　私は大谷（晋二郎）選手の怪我を偶然両方とも会場で観たんですよ。2021年にガンプロで腕を骨折したときと、2022年に頸髄損傷したときも……。頭ではわかっていたことでしたけど、「こういうことが起こりうるんだよな」とあらためて思って。選手はそういうリスクを背負ってやってるんだろうから、こっちが言えることは何もないけれど、青木さんが大きな怪我をして余儀なく辞めるっていうことにはならないでほしいです。だから誰が止めるか。

青木　でも結局、みんなは格闘技選手であるボクのことが好きなんですよ。ボクに格闘技選手でいてほしいから辞めてほしくない、ずっと試合をしてほしいんですよ。それにボクは付き合ってる義理はあるんだけど、応え続けられないから自分自身で線引きをしなきゃいけなくて。

スー　じつは10年以上前にもこんな話をしてるんだよね。「どうやって引退するか?」っていう話を私は青木さんから聞いていて、そのときは止められる人って……。

青木　当時の嫁しかいないっていう話をしたよね。

スー　いまだったら、まわりのファンでもないし、親なのか。でも、たぶん親ではないよなあ。

青木　だから自分で決めるんですよ。

スー　それ大変じゃん。この人のためにとか、家族のためにっていうほうがラクじゃん。自分のために辞めるってめちゃくちゃ難しいよ。最初にこんな話をしてから10年経って、あのときはまだ「何を言ってるんですか。早いですよ」なんて言ってたけど、いよいよ現実味を帯びてきたわけですよね。だけど運がいいことに青木さんの努力もあって、辞めたら食べていけないっていう人ではないから、極端な話、いま辞めてもべつに食うには全然困らないんだけど、だからこそ凄く難しい。自分で辞められる？　本当に頼むよ！　私たちは止められないからね！

青木　本当に自分で辞めます。ONEとは4月までの契約なんだけど、たぶんこの状況で今回のようなレベルの相手とやり続けてたら、もう壊れるってことはわかってるから。だから青木真也が定義するプロ格闘技は本当にここでひと段落。そのあとは、まあエンジョイしていきますよ。

スー　うん。そうしてほしい。この10年で、こんなに世の中の評価とかファン層が変わる人も珍しいなと思っていて。

――スーさんから見ても、青木真也って変わりましたよね？

スー　かなり変わりました。で、私はいまの青木さんのほうが好きです。根っこの偏屈なところとかは変わっていないと思うんですけど、やさしくなったし、あとは誰かに認めさせないとっていうのが良くも悪くもなくなったし。あの頃の青木さんも魅力的ではあったけど、やっぱちょっとヒヤヒヤするところがあったから。

青木　「いまに見てろよ！」がもうないんだよね。「コノヤロー！　認めさせてやるよ！」っていう気持ちがないんですよ。

スー　認められちゃったからね（笑）。まあ、ここまでいろんな事件がありましたね。

青木　いま思うと、あのときの逆風に平気だったじゃん。平気じゃなかったにしても、倒れなかったから。それはやっぱ超人だね（笑）。

スー　相手選手の腕を折った、中指を立てた、逆にこっちが失神させられた、の三本立て。それでも最終的には青木さんが全部食っちゃってるから、これは強いなって思うんですよね。そのときの相手選手の話は、いまあまり耳にしないし。そう考えると格闘家の正解とか成功ってなんなんだろう？とか。

青木　正解っていうのはなくない？　格闘家の成功ってなんなの？

スー　ねえ。っていうか私に聞かないでよ（笑）。時代がもの凄く急速に変わったし、何をもって成功とするかは人によって違うんでしょうけど、人の期待を背負って片道の燃料しか積まずに玉砕覚悟で行くっていうのが格闘家だ、っていう時代もあったと思うんですよ。でも「いまはそうじゃない」っていう時代の空気と、青木さんのもともとのスタイルが合致してきた。もっと自分軸で楽しんでいくんだっていう時代。人の期待にマジで応えないし（笑）。期待の上を行くことをやってはくれるけど、ちゃんとタップもしてくれる。「なんだよ、もっといけよ！」みたいに思ってる人もたぶんいるんだろうけど、「いや、それをやったら大怪我しちゃうからやめて」っていう感じですね。

青木　格闘家の正解ってなんだろうね？　ボクなんかは「べつにギブアップをとらせちゃってもいいじゃん」って思っちゃうんだよね。

スー　そういうことをよく言うけど、ほとんどの人にとってはかなり難しい境地だから。青木さんはいとも簡単に「いいじゃん、そこを3回転半で跳んで着地すればいいよ」ぐらいのことを言うけど、経験としてそれをあとから回収できることを知ってるから言えるんですよ。格闘家にとっても、別の仕事をしている人にとっても、大失敗をするとか人前で恥をかくとかっていうことに対する恐怖っていうのは、ほとんどの人が克服できないと思う。そこはやっぱり青木さんは特殊だよ。

青木　みんな、あまりにも勝ち負けのちっちゃいところで競い合うから、おもしろくなくなってるっすよね。

スー　だから「何を見せるか」っていう話だと思うの。やっぱり勝ちを見せるだけとなるとどうしても手詰まりになっていくだろうし、これはプロレスとか格闘技だけの話じゃなくて、すべての出役の仕事はそうだから、そうじゃないときをどう転がしていくかっていうところなんだろうなと思うんです。

「『格闘技をメジャーに！』とか言ってるヤツらの首を絞めたい。品行方正でありつつ、そうじゃないのが格闘技だから」（青木）

——スーさんは、いま凄くプロレス観戦をしていますよね。

スー　おもにインディー団体を観てますけど、ガンプロはほぼ全通で観戦してますね。そもそもプロレスは、青木さんが出るからってIGFを観に行ったのが最初で、そこで私は挫折してるんですよ。

青木　見方がわからなかった（笑）。

スー　IGFは私にはちょっと難しすぎた（笑）。なんか不穏な空気だけが永遠に流れてるっていうか、高度すぎて何をやってるのかまったくわからなくて。そのあと青木さんから「DDTに出てるからおいでよ」って言われてチケットを買って観に行ったら、「あっ、おもしろい！」ってなって、ようやく何をやってるのかがわかったんですよ。ちょうどいま、〝プロレス芸〟っていう言葉が話題になっていますけど、「プロレス」という言葉の使い方で言えば、たぶん以前は私も平気であういう使い方をしていただろうし、「総合はガチ」ってことに意味があると思っていた時期もあったんですけど、プロレスを観始めてからは「あっ、これまで青木さんが総合であういうやり方をしていたのは、たぶんここが循環してるんだな」ってことがわかってきて、過去の言動への理解も少し進むというか。

——プロレスを理解するという同時に、青木真也もさらに理解できたと。

スー　それで「負けて勝つ」じゃないですけど、「負けても痩せない」っていうことを青木さんができていたのは、たぶんこういうことなんだろうなって。それはプロレスを観るようになってからわかった気がします。

青木　スーちゃんはマジでプロレスにどハマりしてるからね。

スー　私がプロレスを観始めてから凄く驚いたのは「なんでこんなに難しいものへの参入障壁が低いんだ？」ってことなんですよ。身体能力だけでなくすべての面において腕がないと上がれない世界で、かつ身体が大きいほうが有利は有利っていう部分がある。そういう難しいものなのに学生プロレスもあるし、いろんな人ができるし、っていうのがおもしろいなあと思って。たまに昔のプロレスの動画が回ってくるのを観ると、当たり前のようにみんな身体が大きいでしょ？　で

も、たぶん私は大きな身体の選手ばかりだったら観ていなかったと思うんだよね。いまだに私がインディー団体をメインで観ているのも、そういうことだと思う。なんかやっぱ「持たざる者がどうやって持つ者と闘っていくか？」ってところを好んで観てる。

青木　それはたぶんさ、ボクは格闘技でも思っていたんだけど、競技化したりとか、お金が凄く流入してくると競い合いが強度になっていくでしょ。格闘技だったら選手のスタイルが一緒になってくるとかでおもしろみがなくなってくるんだけど、お金がない、競い合いも激化しないとなったら、そこにはモノを作る隙間があるんだよね。

スー　そう。工夫と知恵で埋められるところはたくさんあるよね。

青木　結局、スーちゃんもボクも、インディーとかサブカルが好きなのは、モノを作る隙間があるからなんですよ。

スー　マスにウケようってなったら、やっぱりわかりやすさが求められていくから、どうしても均一化してくるんだろうとは思うんですけど、もしかしたらインディー団体はプロレスを観たことがない人のほうがハマる要素が多いんじゃないかなとも思います。

青木　だからボクは地方のインディーに行って、わけのわかんないご当地レスラーみたいなのとプロレスをやるのがいちばんおもしろいのよ。それは作る隙間があることで、こっちの腕が問われるから。結局、いまの格闘技がおもしろくないなって思っちゃうのは、競技化してみんな同じところのマークシートの点数の取り方みたいな競い合いをするじゃないですか。

スー　効率化を図っていくと、たぶん同じところにみんな向かうんじゃないかな。

青木　だからボクはいまのジャッジのヤツらが凄く嫌いで、アイツらが全部を杓子定規で決めて競技化していってるから試合をおもしろくなくしてるんですよ。

スー　でも、それは安全で公平でっていうことを考えてるから。青木さんは格闘技選手として「ジャッジ島田はアリ」ってずっと言ってるもんね。

青木　島田裕二はおおらかじゃん。

スー　フフフ。私も当時は意味もわからずブーイングに乗ってたところもあるから、反省するよ。でも、すべてのことがそうだと思うんだけど、スポーツなのか興行なのかっていうところじゃん。

青木　格闘技はいまスポーツになってしまってるんですよ。ボクは「格闘技をメジャーに！」とか言ってるヤツら全員の首を絞めたいです。

スー　「プロレスをメジャースポーツに！」を掲げてるのは

ガンプロ代表の大家健選手なんですけど、ガンプロが言うからいいんだよ。私は「大家、最高！」と思ってる。
青木 やっぱり格闘技もプロレスもメジャーになっちゃダメなんだって。そんなの全然おもしろくないよ。
スー メジャースポーツになることによって、削ぎ落とされる部分はどうしたってありますよね。だけど、興行として成立させて選手が専業で食べていくってなると、地上波での放送があるとか、そこに大きいスポンサーがつくとか、そういうことが必要じゃん。って考えると、どうしても品行方正だったりとか、解釈の余地があまりないものっていうのが求められるんじゃないですかね。
青木 そこで言うと、格闘技って品行方正でありつつ品行方正じゃない、解釈が凄く多様で生き残った最後なんじゃないかな。

「仙女とマーベラスは女を売りにも言い訳にもしていない。ただ情念の感じとかも含めて女にしかできない試合をやっている」（スー）

スー あとは解釈の隙間っていうものをどうよろこぶか、楽しむかっていうのが、伝わりきらない層も増えているのかもしれない。
青木 もうボクは老害になってるな。
スー それ、ずいぶん前から自分で言ってるじゃないですか（笑）。
青木 ひどいと思うもん（笑）。「うーん、そういうのじゃないんだよな」みたいな。
スー 老害、老害って自分で言いながらずっとやってる（笑）。
青木 でもジェーン・スーのプロレスの見方に関しては、だいぶ俺が入れてきたのもありますからね。スーちゃんに橋本千紘とかを教えたのはボクですから。
スー 違うよ！　たしかにいろいろ教えてもらってはきてるけど、橋本さんは同時期だよ。「橋本千紘、いいよね！」っていう話をお互いにしてたんだよ。
青木 そうだったっけ？
スー そうだよ。いまはマーベラスの桃野美桜選手も好きで、だから私は『ＫＡＭＩＮＯＧＥ』のインタビューを読んで、橋本選手が桃野選手のことを認めてる発言をしていたのを見つけてうれしくって。ひとりで新木場や後楽園にマーベラスを観に行ったりしてるから。
青木 でも、やっぱいまの女子プロって本当によくないことをやってるよね。
スー あっ、これ、乗れない話題がきたよ（笑）。なんかもう絶対に批判じゃん。

青木　だってもうアイドルじゃん。

スー　青木さんはアイドル型のビジネスが嫌なんだよね？　仙女とマーベラスに関しては女を売りにもしていないし、女を言い訳にもしていないけど、情念の感じとかも含めて女にしかできない試合をやっていると思うよ。

青木　橋本千紘は試合をしてみてすげえなと思ったっすね。

スー　観ていて思うのは、橋本選手もそうだし、桃野選手もそうだけど、練習している人はやっぱり言い訳がない。

青木　コンディションがいい。

スー　そう。コンディションに対しての言い訳が絶対にないというのは凄い！

青木　ちゃんとプロレスラーですね。

スー　あとはコスチュームとかも魅力的。たとえば橋本選手のガウン。入場して両腕を挙げたら腕のところにデザインされた目が見えるようになってて、全身が怪物のデザインになるとか、隅々までお客さんを楽しませようとしてる。あと、これは友達が言っててそうだなと思ったんですけど、仙女の選手たちはみんな凄く綺麗にしてるんですよ。たとえば橋本選手は（髪に）赤と緑が入ってるけど、色が抜け落ちて金になってるときとか、根元が黒く伸びちゃってるところとかを見たことがないじゃないですか。

――あー、たしかにそうですね。

スー　みんなそうなんです。岩田美香選手の赤い髪が白っぽく抜けちゃってるのを見たことがないし、ＤＡＳＨ・チサコ選手もそうだし、みんな女を売りにはしていないけど、彼女たちなりの正装でいつもピシッとしてる。カッコいい。

――スーさんはプロレスを観始めたことで、本業のほうにも何か影響をもたらしたことってあったんですか？

スー　レコード会社で長く宣伝をやってきた身からすると、人の心をどうやって瞬時につかむかという意味ではプロレスのやり方っていうのは凄く理解が進むんですけど、やっぱり唯一悔しいのは長くは観てきていないことですよね。プロレスは絶対に長く観ているほうがおもしろいってみんなに言われるから。独りよがりな解釈で古参ファンを怒らせないようにしたいなとは思ってる（笑）。どういうふうに変化していったかもわからないし、あいかわらず技の名前も覚えられないし。

青木　とはいえ、ボクたちはちゃんと「これはプロレスの範疇か、範疇じゃないか」みたいな話で揉めてますから（笑）。

スー　だから新しい趣味を与えてもらった感じですね。ただ、最初がＩＧＦじゃなければ私はもっと早くにハマれたはずなんですよ（笑）。

「これからは静岡と東京で2拠点生活だな。実家のそばに平屋建ての家を作って半々で暮らして、そこで犬を飼ったりしてさ」（青木）

青木　でも、いまプロレスを知ると、あのＩＧＦの凄さがわかるでしょ？

スー　わかるけど、ＩＧＦはいろんなものが哲学的すぎるよ。やっぱり難しいよ。

青木　たしかに哲学的だったけど、あれはおもしろかったなあ。

スー　青木さんは変わってるから。でも、なにしろ現役選手として残ってるっていうことが凄くないですか？　プロレスにも格闘技にも、いろんな人がいておもしろいなって思いながらも、私は引き続き青木真也がおもしろいと思って見ています。

青木　いや、なんか自分でもおもしろいと思うんですよね。

スー　その自負がずっとあるのは凄いよ。

青木　ボクが作ってるものはおもしろいと、いまだにずっと思ってる。結局、ボクってゼロイチを作るのが好きで、そこから積み上げて、いかにアップデートして競い合うかっていうのはべつにどうでもいいんだよな。

スー　うんうん。ゼロからイチにするっていうのは、たしかに。「俺が最初にやる！」っていうのがたぶん好きなんだよね。そういう意味で頭ふたつもみっつも飛び抜けてるんだよな。青木さんのこの先の10年がどうなるかはまったく予想がつかないんで、それは凄く楽しみ。ここまでの10年は、現役はたぶん誰よりも長くやるだろうなっていう予感はあったけど、ここからの10年は想像つかない。

青木　これからは静岡と東京で2拠点生活だな。静岡の実家のそばに平屋建ての家を作るの。そしたら半々で暮らせるじゃん。そこで犬を飼ってさ。

スー　素敵じゃないですか。ずっと人んちの犬を預かっては楽しそうにしてるから、早く犬を飼いなよって思ってたもん。でもブレてないですよ。だって10年以上前から、どうやったら東京と静岡2拠点でできるかっていうのをずっと考えていたよね。あと青木さんは清潔感がなくならないのが凄いです。歳をとると難しいところだけど、会うときに常に風呂入りたてみたいじゃないですか（笑）。

――常に清潔感がありますよね。ちょうど、さっきもスーさんが来られる前にその話をしていたんですよ（笑）。

スー　あっ、そうだったんですか？　メガネも時代時代で変えてたりとか。だからずっと清潔感を保ちつつ、ちゃんと更新されてるんですよ。

――小賢しいことに（笑）。

青木　いちおうね（笑）。

スー　たぶん本人は意識していないと思うんですけど、毛玉がついた服とか襟元が伸びてるTシャツを着てるのを見たことがないんですよ。無頓着だったら絶対にそうなるじゃないですか。本当にそこは凄いよ。

青木　それはミニマリストだからだよ。

スー　まあ、よく長く付き合っていただいていますよ。ありがとうございます。

青木　こちらこそですよ。

スー　なぜか縁が長く続いてるよね。痴情のもつれもいっさいなく（笑）。凄いね、私たちの清い交際。お互いに信頼してるけど、お互いの好きな異性のタイプが違いすぎるんだよな。

青木　ボクは最近、そっちのほうの興味みたいなのが落ちた。

スー　でもさ、私と会ったのは10年前で、あなたがまだブイブイいわせてたときだったんだよ？（笑）。しょっちゅう、ふたりでご飯を食べに行ったりしてたし、このあいだもひとりでフラッとウチに遊びに来たりしたし。でも、そういうのがまったくないんですよ。なくていいんだけど。まあ最終的に残ったのが私ってだけで、手を出された人たちはもう近くにいなくなっちゃったでしょ。

「青木さんの人生は、性欲が減退したここからですよ。〝チンチンに振り回されない人生〟っていう新しい扉が開くんです」（スー）

青木　たしかに！（笑）。

スー　手を出されないことの重要性ってのがあるんだよ。

青木　本当にそっちの力が弱くなったのよ。

スー　そりゃそうでしょ。だって40だよ？　これから人間になっていくんだよ（笑）。それで全然いいです。ようやく人間宣言です。

――人間宣言！（笑）。

スー　もう私たちは安泰ですね。ここから青木さんと私がそういう関係になるのは、近親相姦的なつらさがあるから。

青木　別人格の、グレート・ムタ降臨みたいな感じでしょ（笑）。

スー　口から毒霧が出てくるよ。

青木　でも、最近なんか艶々しいよね。

スー　プロレスのおかげです（笑）。プロレスのおかげで艶々してる。

青木　『私、プロレスのおかげです』っていいじゃん（笑）。スーちゃんも50か。

スー　50ですよ。だってあなたが40だもん。

青木　ぶっちゃけどうですか？　自分の人生というのは。

スー　いまね、答え合わせが凄く楽しい。「あー、ラクして稼げないかなー」みたいなことを言ってた人で、50になってラクして稼いでる人ってやっぱり誰もいないんですよ。「いや、ラクしてるよ」って言う人もどっかで絶対にがんばってるし、あとはずっと逆張りしてた人はそのままうまくいかないってのが多いかな。人生を折り返して、そういうのを指さし確認していくのが、いま凄く楽しいですね。「50の答え合わせ」ってよく言ってるんだけど。

青木　格闘家における「40の答え合わせ」だよね。

スー　そうなのかもね。やっぱり無茶をしたら無茶が祟るとかさ。そういうのって通常の人たちは50で来るんだと思う。キチンと挨拶するとかがやっぱり大事みたいなことだったり（笑）。だから青木さんを見ていても、毎日コツコツやるしかないなって思うし、食べるものにしろ、毎日の運動にしろ、青木さんよりもちゃんとコンディションを気にしている人がいるんだったら出てこいっていう感じだし。本当に基本の「き」をコツコツやるしかないんだなっていうのは、青木真也を見ているとずっと思いますね。

青木　50で基本が大事。よし、これからも基本をちゃんとやろう。

スー　そして40の人間宣言。性欲が減退し、ようやく人を人として見れるようになり（笑）。青木さんはここからですよ。「チンチンに振り回されない人生」っていう新しい扉が開くんですよ。

青木　それ、ターザン山本も同じことを言ってたね。

スー　マジかよ（笑）。

青木真也（あおき・しんや）
1983年5月9日生まれ、静岡県静岡市出身。総合格闘家。
幼少期より柔道で鍛え、早稲田大学3年時に格闘家としてプロデビュー。DEEP、修斗と渡り歩き、2006年2月に修斗世界ミドル級王座を戴冠。大学卒業後は警察官となり警察学校に入るも2カ月で退職して、プロ格闘家一本に。その後はPRIDE、DREAMでライト級王者になるなどして活躍。2012年7月より契約を交わしたONE Championshipを主戦場にしており、ONEでもライト級世界王者となる。MMAと並行してプロレスの活動も積極的におこなっている。現在も日本人トップの実力を誇っているが、2022年3月に秋山成勲にTKO負け。同年11月にはサイード・イザガクマエフにもTKO負けを喫してグラップリングマッチを含めて4連敗中。2024年1月28日、有明アリーナにてセージ・ノースカットと対戦することが決定し、「世界最高峰の相手にベストパフォーマンスを出せる最後の機会」と自身のMMAラストマッチとなることを示唆するコメントを出している。

ジェーン・スー（Jane Su）
1973年5月10日生まれ、東京都文京区出身。コラムニスト。ラジオパーソナリティー。
フェリス女学院大学文学部を卒業後、エピックレコードジャパンに入社。のちにユニバーサルミュージック、Zoff（インターメスティック）へと転職するが35歳のときに退社する。その後、雑誌のコラム執筆やラジオに出演するなどの活動をスタートし、2013年10月に『私たちがプロポーズされないのには、101の理由があってだな』（ポプラ社）を出版。2015年には『貴様いつまで女子でいるつもりだ問題』（幻冬舎）で第31回講談社エッセイ賞を受賞。2014年4月よりTBSラジオで自身の冠番組『週末お悩み解消系ラジオ ジェーン・スー相談は踊る』のメインパーソナリティーとして出演。2016年4月より毎週月曜日から木曜日の生放送番組『ジェーン・スー 生活は踊る』でパーソナリティーを務めている。また金曜日は堀井美香とのコンビでポッドキャスト『OVER THE SUN』を2020年10月2日よりスタートさせて、堀井との世間話が人気を博している。

鈴木みのるのふたり言

第125回

ライブがいちばんおもしろい

構成・堀江ガンツ

―今日は朗報を持ってきたんですよ。

鈴木 えっ、なに?

―今年(2023年)出した鈴木さんの書籍『俺のダチ。』が「書泉プロレス本大賞」の敢闘賞を受賞したそうです。

鈴木 それ、どういう賞なの?

―プロレス本の聖地である書泉グランデ、書泉ブックタワーなど大型書店を持つ書泉グループが認定するプロレス本の年間アワードです。

鈴木 へえ、そこに入ったんだ。

―ちなみに去年(2022年)、ボクが書いた『闘魂と王道』も同じく敢闘賞を受賞して、年始におこなった受賞記念トークショーでは、鈴木さんにゲストに来てもらったんですけど。

鈴木 そうだっけ? 憶えてない。

―憶えてませんか(笑)。

鈴木 でも、賞をもらえたっていうのは素晴らしいね。よかった、よかった。

―書店が選ぶ賞なので、おそらく店舗の売れ行きトップがMVPで、それに続くのが三賞(殊勲章、敢闘賞、技能賞)でしょうからね。

鈴木 ちなみにMVPはなんだったの?

―今年のMVPはこれから発表なのでわからないんですけど、去年はたしかスターダムの中野たむ選手の自伝だったかと。

鈴木 ……。まあ、いいや(笑)。でも、いまウチの店では年末のセールとして『俺のダチ。』を購入した人に2024年の鈴木みのるポスターカレンダーをプレゼントっていう施策をやってるから、またけっこう売れてるよ。

―また、こういう賞を獲るともう一度売れ出しますからね。書泉の店舗でも受賞記念フェアみたいなのをやるでしょうし。

鈴木　あの本自体、いろんな対談が載っているけど時代背景がバラバラなんで、いつ読んでも関係ないからね。

――今回でボクと鈴木さんが『KAMINOGE』でやってきた企画の書籍化は4冊目になるんですよ。この「鈴木みのるのふたり言」を書籍化したのが3冊。そして『俺のダチ。』もほぼほぼ『KAMINOGE』でやった対談集ですからね。

鈴木　そうだよね。佐山（聡）さん以外、全部そうだもんね。まあ、2024年もなんか対談とか企画を考えていこう。

――そうですね。この連載「鈴木みのるのふたり言」もすでに10年以上続いていて、いろんなことを発信してきましたけど。鈴木さんは早くからプロレス専門誌やスポーツ紙に頼らない自己発信みたいなことをやってきましたよね。

鈴木　メディアとの付き合い方ってあると思うんだよ。専門誌はいいところは使わせてもらって、でも依存はしないっていうやり方なんで。「ここに載せてもらえないとウチは困るよ」っていうやり方にはならないように。あくまでプラスアルファという位置づけだと考えているのがひとつかな。プロレス界のメディアって、20年くらい前までは東京スポーツと週刊の専門誌がメインだったでしょ。

――そうですね。そこにいかに大きく載るか、表紙になるかが団体にとっても重要だったりして。

鈴木　俺がプロレスに復帰したのがちょうど20年前なんで、その頃はまだそういう状態で。それから時代がどんどん移り変わり、紙媒体からデジタルに移行していって。

――特にスマホ時代になってからは、電車の中でスポーツ新聞読んでる人とかほとんどいなくなりましたからね。

鈴木　それが進んで、いまは個人が発信する時代になっている。

――その過渡期には携帯サイトがあったり、ブログが広まったりしましたけど。その携帯サイト連載やブログも鈴木さんは早くからやられてましたよね。

鈴木　やってたね。その後、ツイッター（現・X）を始めるのも早くてけっこう発信してたんだけど、いまはツイッターにも頼らないようにしている。フォロワーは17万人以上いるのに。

――いつからか、鈴木さんはツイッターのフォロワーと絡んだりすることがまったくなくなりましたよね。

鈴木　めんどくせえからやらないんだよ。ある〝事件〟というかツイッターという世界そのものが嫌になることがあって、もうそこにいるのは嫌だなって。

――ちゃんとツイッターやらなくなる理由があったんですね。

鈴木　なんか、もういいかなって。いまは個人的に趣味として発信できるインスタグラムだけ載せてるかな。一方的にね。インスタグラムの場合、いつも決められた形、あの正方形の中にどう対象物を収めて、どの角度で何色に加工すれば綺麗に見えるかっていうのを考えて、絵を描いているのと同じ感じで載せてるんで。

――ツイッターだと、新日本なんかは一時期レスラーに対して会社から「フォロワーを増やせ」っていう動きがあったりとかしましたけど。

鈴木　俺も昔はツイッターに力を入れてやっていたけど、そのときは街頭のビラ配りをお金も労力もかけずにやってる感覚。だからレスラーとしての情報や気持ちを発信したりしていたけど、そのなかで嫌になる出来事があって、この世界が嫌だなと思ってしまった。だからもう、いまはパイルドライバーの商品情報を載せたり、誰かのツイートをリツイートしたりするだけだね。

――フォロワーと絡むのが嫌になって、一方的にしか発信しなくなったわけですか。

鈴木　そういうことだね。凄く嫌になった。その具体的な内容は録音されているうちは言わない。

――じゃあ、いったんICレコーダー止めさせていただきます。

（※一時中断）

――そういうことでしたか。おかしなリプライしてくる人って有名人だとたくさんいますし、現代社会の問題ですよね。

鈴木　俺なんかずっと批判の中で生きてるから「うるせーよ！」って思うだけだからいいんだけど、そういうのと一緒の世界にはいたくない。あと、ツイッターって心の声がダダ漏れなわけじゃん。勝手に排泄して気持ちよくなってるヤツを見て、嫌な気持ちになるのもバカバカしい。あと、誰かにリプライするっていうのも実際に面と向かって言ってないから、経験でもなんでもなく、想像上で起きてる出来事じゃないですか。

――バーチャルというか。

鈴木　俺はよくみんなに言うんだけど、プロレスでいちばんおもしろいのは会場で観ること。それはいちばん安い、いちばんうしろの席であってもそう。臨場感や音、同じ空間にいるということ自体が異空間の体験なわけで。

――テレビや配信で観ると、どこの会場の試合でもそんなに変わらないですけど、ライブになると後楽園には後楽園の空気があるし、地方会場、両国国技館、東京ドームとか、それぞれまったく違う空気感がありますもんね。

鈴木　小さい会場だろうが、お祭りの野外でやるプロレスだろうが、とにかくライブがいちばんおもしろいっていう気持ちがあるんだけど。いまプロレス興行が多すぎて、観にも行かない、配信すら観ないで結果だけを見て「ほらね」って語り出す人間が凄く多いので。べつにファンがプロレスをあーでもないこーでもないって語るのはいいけど、みんなとにかく想像だけで勝手なことを言ってますよ、本当に。

――会場でブーイングしたり、罵声を飛ばしたりするのはプロレスに参加してることになりますけど、ツイッター上の生産性のない罵詈雑言リプライなんかも多いですからね。

鈴木　最近、新日本でストロングスタイル論争とかあったじゃないですか。その流れで、昔の試合映像をYouTubeに自分の勝手な解説つきで流してる人間がいて、それをこの前「こんなおもしろいものを見つけました！」って（エル・）デスペラードが俺のところに送ってきたのよ。要は鈴木みのるvsアントニオ猪木の映像の切り抜きみたいなやつ。

――鈴木さんがデビュー1年で対戦した猪木さんとの一戦ですね。

鈴木　もう35年前ですよ。誰かがビデオで隠し撮りした映像。それに誰かが勝手な思い込みの解説をつけて、その動画を観た人が、またコメント欄で勝手な想像を書き込んでいたんだけど。俺にとっては、あの時代のあの瞬間、あの場所でおこなわれたっていうことがすべてなんですよ。

――いまのプロレス界とは価値観や考え方、

プロレスというものの捉え方も違う時代ですからね。

鈴木　あの時代に戻ることはできないし、そのときの価値観や空気感もわからないから、想像の中で進んでいくじゃないですか。それを想像するのがプロレスファンの楽しみでもあるだろうから、それはべつにいいんだけど。単なる「想像」でしかないものが、勝手に「真実」にすり替えてる人が多いんだよね。それが凄く嫌で。俺がこれまでやってきた試合だと、○○○○さんとの試合とか、○○○○戦だったりとか。みんな俺がどう考えていたかなんかわかるはずないのに、なんで俺の心がわかったように書くの？　って思うことがたくさんあるじゃないですか。

――そうですね。感想どころか事実誤認を断定していたり（笑）。

鈴木　しかも何十年も前の話だよ？　最近、いちばんおもしろかったのは「なんでおまえみたいなヤツが永田さんに偉そうにしゃべってるんだ。永田さんはIWGPヘビーの防衛記録を持ってるんだぞ。世界最強の男とガチンコをやってるんだぞ。シュートもやったことがないおまえが口を出すんじゃねえ」っていうのがあったの。

――なかなか立派なご意見ですね～（笑）。

鈴木　俺の昔の試合なんか観たことないんだろうし、へたしたら永田がIWGP防衛記録をやってた頃すら観てないんだろう。ネット上の文字だけで見た自分の想像上の世界が、そいつの頭の中で勝手に真実にすり替わってるんですよ。そういうヤツ、俺の近くにもいるからよくわかる。K村ってヤツなんだけど（笑）。

――エイドリア～ン！（笑）。

鈴木　実体験でもなければ、実際に自分の目で見たことですらない。スマホの中に書かれたものを見て勝手な想像を垂れ流しているだけ。そういう世界が嫌になっちゃった。実際に体験もしていなければ見てもいないのに、なんでこんなわかったようなことが書けるんだろうって。俺自身はデビューして9カ月で猪木さんとリングで向かい合ったときの気持ちも、デビュー2年目で世界チャンピオン（モーリス・スミス）と向かい合ったときの恐怖も、すべて実体験として憶えてるんで。それは自分の血となり肉となってる感じはするけどね。

――真実は自分の中にあるわけですね。

鈴木　想像だけでものを言って、それが真実だと勘違いしているのが嫌なだけで、実際にプロレスを観た人がどんな感想を言おうがべつにいいんだよ。「鈴木みのるの試合はおもしろい」でも「このオッサン、むかつくな」でもなんでもいいの。それ以上のことは求めない。俺がやることはひとつだけだから。プロレスを見せて「また会場に来よう」と思わせればいい、それだけ。日本でもアメリカでもほかの国でもそれは同じだしね。

――世界中でそれをやってるわけですよね。

鈴木　プロレスラーの中でも「想像だけ」のヤツって多いよ。日本だけでプロレスをやってると、俺が言ってることとかやってることに対して「ちょっと海外に行っただけでしょ」ってみんな思うんですよ。でも実際に行ってみたら、どんな状況なのかわかりますよ。自分で参戦交渉して行ってみればね。これはさっき話した実体験と同じで、実際にやってみないとわからないことってたくさんある。それをやってないヤツが「こんなもんでしょ」って思うわけでさ。やっぱり実体験、ライブですよ。

収録日：2023年12月2日　撮影：タイコウクニヨシ　構成：井上崇宏

元気まんまんの80年代アイドル対談！
死にたいとまで思った闘病からの復活の裏には、
最高にいい話しかなかった。元アイドルのピンチを救ったのは、
アイドル仲間とビーバップ、そして女子プロレス!!

西村知美

女優・タレント

立花理佐

歌手・女優

「昔からずっと一緒にいてくれて、
私はもう知さんがいないと生きていけない。
どうしてそんなにやさしいの!?」
「私も理佐ちゃんに癒されているんだからいいの！
なんと言ってもレコード大賞の最優秀新人賞なんだから〜」

「旦那から『昔のイメージが崩れるから絶対に人前に出るな』って言われてるんですけど、出るみたいな（笑）」（立花）

――今日は西村さんに「『KAMINOGE』に新たな刺客を送り込む」とマネージャーさんを通じて物騒な予告をしていただき、のこのことやってきてしまいました。

西村 あのね、私はこれまで何回も『KAMINOGE』さんにインタビューしていただいているけど、本当にプロレスのこととかはまったくわからなくて、そっちの話を一言もしていないのが心苦しく思っているんですよ。というわけで、今日はもの凄くプロレスに詳しいお友達を連れてきちゃいました〜。

立花 いやいや、もうだいぶいろいろ忘れちゃってるんだけど、私！（笑）。

――立花さん、はじめまして。『毎度お騒がせしますⅢ』では毎度お世話になりました……（笑）。

立花 やだ、もう！（一ノ瀬ワタルが表紙の前号の『KAMINOGE』を見ながら）えっ、今日はこれなの？　昔、デラプロ（『DELUXEプロレス』）ってあったじゃん。ああいうのに出るのかなと思っていたんですけど（笑）。

――いえ、『KAMINOGE』は現代のデラプロになります（笑）。

立花 あっ、そうなんだ！　私、この人（一ノ瀬ワタル）の自伝かと思っちゃった。「そこになんで私が？」って（笑）。でもウチの旦那からは「昔のイメージが崩れるから絶対に人前に出るな」って言われてるんですけど、大丈夫ですか？

西村 全然そんなことないよー！　大丈夫だよー。

立花 「出るな」って言われても出るみたいな（笑）。

西村 井上さんは、理佐ちゃんがプロレスファンだったことは知っていましたか？

――もちろんです！　だって、もともと立花さんは女子プロレスラーになりたかった人ですもんね。それがたまたまオーディションで受かっちゃったから、アイドルになったっていう。

立花 そうそう。

西村 えっ！　井上さん、詳しいですね！

立花 本当によく知ってる！

――いやいや、有名な話じゃないですか（笑）。

西村 私、全然知らなかった。

立花 っていうか、アイドルでデビューしてからもプロレスラーになることはあきらめてなかったから（笑）。

西村 えーっ!?　そんなに好きだったの？　歌がうまいから、昔からずっと歌手を目指してたのかと思ってた！

立花　小学生とか中学生のとき、フジテレビでずっと全日本女子プロレスの中継をやっていたので、クラッシュ・ギャルズが凄く大人気で、クラスじゅうの女のコたちがクラッシュだったり全女自体が大好きで。だからプロレスを観た次の日は真似っこをして、こうだったよね、ああだったよねって言いながらプロレスごっこをしてたの。

西村　えっ、女子のなかで？

立花　女子だけでプロレスごっこしてた。私、大阪城ホールの髪切りマッチも観に行ったもん。

西村　えっ、髪切りマッチってなに!?

——1985年の長与千種vsダンプ松本ですね。

立花　そう！　千種さんとダンプちゃんで。

——負けたほうがその場で頭を坊主にするっていうルールなんですよ。

西村　え——！　すっご〜い！

立花　あのとき私は中2くらいで、ウチの親に「夜だし、大人が一緒じゃないと行っちゃダメだ」って言われたから「どうしよう……」と思ったんですけど、「あっ、先生を誘えばいいんだ！」と。

西村　学校の先生を巻き込んだわけね（笑）。

立花　それで先生にお願いをしたら、みんなを連れて行ってくれて、「でも先生のチケット代は自分で払ってね」って言って（笑）。あの試合、リングサイドで前から7番目くらいの席で観ていたんですよ。

「クラッシュ・ギャルズに燃えていて、もともと歌が好きで歌手になりたいとかって気持ちではなかったの？」（西村）

——いい先生ですね。

西村　そうだ、理佐ちゃんは地元が大阪だもんね。

立花　もう千種さんの頭にハサミが刺さっちゃってるんだよね。

西村　えっ、ハサミが刺さっちゃってるの!?

立花　ダンプちゃんにやられてて。「もうやめてー！」ってみんなもう大泣き！

西村　いまは「ダンプちゃん」って呼ぶくらい仲がいいんだね。それくらいクラッシュ・ギャルズに燃えていたのに、アイドルになったんだね。

立花　その頃ってオーディションを受けるのが学校で流行ってませんでした？

西村　えっ、学校で流行ってたの？（笑）。

立花　みんなでなんか受けようみたいな感じで流行ってて、そのときにちょうどロッテの『CMアイドルはキミだ！』っ

ていうオーディションの1回目があって。それに「ねえ、みんなで応募しようよ！」って話になって、出したら私が優勝しちゃって（笑）。

西村 やっぱり理佐ちゃんと言えばロッテのイメージだもんね！

——それまでもいろんなオーディションに応募はしていたんですか？

立花 その前は1回だけ友達とホリプロのスカウトキャラバンに。でも、それは返事も来なかった。

西村 えー、それは不思議〜！

立花 でもロッテに出したときは、締め切りも終わってたんですよ（笑）。

西村 じゃあ、もともと歌が好きで歌手になりたいとか、そういう気持ちではなかった？

立花 それもちょっとはあった。小学校のときはめちゃくちゃ歌手になりたくて、卒業文集に「河合奈保子のような歌手になりたい」って書いてたんですよ。

西村 やっぱりね〜！　歌がうまいもんな〜！　私たちは同じ東芝ＥＭＩだったからレコードをいっぱいもらえたんですけど、私は理佐ちゃんの『大人はわかってくれない』が大好きで、カラオケでもよく歌ってた。

立花 でも、私も知さんの曲をずっと聴いてたよ。知さんはちゃんと音譜通りに歌う人だから優秀でしたよね。薬師丸ひろ子さんとかと同じタイプというか。

西村 私、薬師丸ひろ子さんのディレクターさんにやっていただいてたんですよ。

立花 私は音譜通りに歌えないから。

西村 えっ、どういうこと!?

立花 テンポもへったくれもないから。私がオーディションで歌ったとき、のちに私のディレクターになった人が「このコだけは選ばれないように……」って思ってたって。下手くそすぎて（笑）。

西村 ウソ〜？　またまた。ホントに〜？

立花 だから（本田）美奈子さんと仲良くなって歌を語るようになり、それで私も「歌だけは人に負けたくない！」って思い始めて必死に歌の練習をして。

西村 えら〜い。そうだったんだ。

立花 それで、ちょうどサリナバチタ（『リサの妖精伝説』）を歌ったときに……。

西村 「♪サリナバチタ〜」だよね（笑）。あれは名前を逆にしてるんだよね。

立花 そう！（笑）。あれを歌ってたときに筒美京平先生に「お上手ね」って言われたの。

西村 うわー、凄い！

立花　「えっ、いままでは？」って聞いたら、「下手だったよ」って言われて（笑）。

西村　でも素晴らしい〜。歌って練習したらうまくなるんだね！

立花　それで私がずっと河合奈保子さんみたいになりたかったってことを『夜のヒットスタジオ』が取り上げてくれて、奈保子さんと一緒に『ヤング・ボーイ』を歌ったの。そのときはもう舞い上がっちゃって、そのあとの自分の歌はどうだっていいやみたいな（笑）。

「たまに『毎度おさわがせします』のロケで新日本の道場に行って、小鉄さんと武藤さんと藤波さんに遊んでもらってたの」（立花）

西村　順応性が素晴らしい〜。そうして女優業もやりつつ歌手のほうもやっていて、どこでダンプ松本さんと出会ったの？

立花　私が女子プロが好きだから、『明星』か『平凡』か忘れたんですけど、なんかの雑誌で企画ができないかってマネージャーさんが言ってて。

西村　それで対談とかをして？

立花　そう。それで昔、全女は事務所が中目黒にあって、そこにリングもあったから中目黒に呼ばれて、クラッシュ・ギャルズと対談＆プロレスをやらせてもらって。

西村　えっ、それって事務所は反対しなかったの!?　だってアイドルだから怪我したら大変じゃない!!

立花　いや、そんな本気ではやらないよ！（笑）。

西村　ビックリした〜！　なんだ、流血メインじゃないのか（笑）。

立花　それでチャンピオンベルトを巻かせてもらって、一緒に写真を撮ったりとかして。

西村　実際のダンプさんは見た目からして怖そうだけど、悪役さんって意外とやさしいんだもんね。

立花　あっ、そのときはクラッシュね。でも最終的にはダンプちゃんのほうが仲良しになったの。あとはトモちゃんとも仲良し。あっ、ライオネス飛鳥ね。ゴンゴンも大好き。あっ、小倉由美ね。あとは（女子プロレス界の）聖子ちゃんとか。あっ、立野記代ね。いま、いちばん仲がいいのはジャンボ堀さんだけど。

西村　もう聞いててチンプンカンプン〜！（笑）。でも凄い方たちなんだろうなっていうのはわかるよ。理佐ちゃんは本当にいろんな人を知っていて顔が広いから。

立花　いや、知さんには負けるよ。私はただプロレスラーと仲良しだっただけで。

西村　本当にプロレスラーになりたかったんだなって、いま話を聞いててわかりました。

――だって立花さんは、プロレスラーになるための下地作りで空手もやられていたんですよね？

立花　あっ、それはたいしたあれじゃないの！　忘れてた、その記憶（笑）。それはちゃんとした空手の道場に行ってたわけじゃなくて、中学のときに近所の豆腐屋のお兄ちゃんが空手を教えてくれるって言うから、そのお兄ちゃんちに行ってて。そのお兄ちゃんはちょっとシャイな人で、そのお兄ちゃんのお母さんが「女のコに慣れてほしい」ってことで「ウチに習いに来ない？」って誘ってくれて。それで私と友達の3、4人くらいで毎週習いに行ってたんです。

――そのお兄ちゃんは空手をやってたんですか？

立花　やってたの。でも、ただ「ハッ！」「イヤーッ！」って30分くらいやって、そのあとはお母さんがケーキを出してくれてほぼティータイムみたいな（笑）。

――どっちかと言うと、メインは「お兄ちゃんの人見知りが治りますように」ってことですね（笑）。

立花　そうそう！（笑）。だから空手をやってたっていうほどじゃないんですよ。

西村　じゃあ、型とかもできるの？

立花　何を聞いてたんですか、できるわけないじゃないですか（笑）。でも映画『ビー・バップ・ハイスクール』のときに乱闘シーンがあるじゃないですか。そこで監督に「うまい！」って言われた。

――あっ、そのときの空手が活きたと。

立花　いや、たぶん女子プロをずっと観ていたおかげです（笑）。あと、私は武藤さんとドラマで一緒だったんですよ。

西村　武藤敬司さん？

立花　そう。あと藤波辰爾さんとか。『毎度おさわがせします』のロケでたまに新日本プロレスの道場に行ってて。

西村　あー、あったね。観てた、観てた！

立花　そのとき私がプロレスが好きだからってことで空き時間にリングの上で思う存分やらせてくれるんですよ。山本小鉄さんと武藤さんと藤波さんが遊んでくれるの。

西村　あのシーンってアドリブで暴れてたの？

立花　いや、ちゃんと殺陣師の人がいた。

西村　そりゃそうだよね。

立花　だから私が投げたら藤波さんがわざと派手に受け身を取ってくれたりとか、それが楽しくて「ちょっとドロップキックもやらせて〜」みたいな（笑）。それで私は芦屋雁之助さんの舞台に参加していて巡業でまわってたら、隣の会場が新日本ってときがあって。ポスターに藤波さんと武藤さんが載ってるなと思って、空き時間に遊びに行ったら武藤さんがいて、「あっ、理佐、観ていく!?」って言うから「いや、私も同じ時間に舞台だから」って（笑）。そのときはまだ武藤さんは髪の毛があったけど、でもいまのほうがカッコいいよね。

「理佐ちゃんが妊娠したときは本当にうれしかった。でも、そのことを旦那さまよりも先に聞いちゃったのよね（笑）」（西村）

西村　私も武藤さんとはバラエティのお仕事でご一緒させていただきましたね。目がくりっとしたかわいらしいお嬢さんもいらしてて。あと私はキューティー鈴木ちゃんともけっこう番組で一緒になったかな。鈴木ちゃんとはけっこう友達で、私が出したレコードに声を入れてもらったこともあって。

立花　えっ！　そうなの？

西村　シングルを22枚出している中の『Ａｌｗａｙｓ…』っていう曲のカップリングで、『Ｍｙ Ｂｅｓｔ Ｆｒｉｅｎｄ〜悲しい夜はそばにいて〜』っていう友達について歌った歌があるんだけど、最初の「もしもし、知美」みたいな感じのところに鈴木ちゃんが声を入れてくれたの。

立花　えーっ！　凄いじゃん！

――いま初めて聞きました。

立花　これだけ長いこと取材を受けてるのに言ってなかったの？（笑）。

西村　私も憶えていなくて、そのことをファンの人から教えてもらって「えっ、これって鈴木ちゃんの声なんだ!?」みたいな（笑）。

立花　いいなー、私もゴンゴンにやってほしかったなー（笑）。

西村　でも理佐ちゃんとはそういうのがなかったよね。

立花　ディレクターも一緒だったのにね。

西村　でも理佐ちゃんとの共通は、私がデビューした作品が映画『ドン松五郎の生活』っていう犬の映画で、その次の年に理佐ちゃんが。

立花　そう。私が二代目です。『ドン松五郎の大冒険』。

西村　私の次に理佐ちゃんがやってくれたことが凄くうれしかった。それともうひとつ共通があって、ウチの娘と理佐ちゃんちの息子さんが1歳違いなんですけど、産まれるときに取りあげた先生が一緒なんですよ。

立花　そう！　それまで私は婦人科に行ったことがなくて、知さんがお世話になっている先生が女性だって言うから「紹介してほしい」ってお願いしたら、家まで迎えに来てくれて。

西村　ウチの主人（西尾拓美）と一緒にね。

立花　そう。拓美くんにもに病院についてきてもらって、「赤ちゃんができました」っていうのも一緒に聞いてくれたんです。

西村　もう、あのときは本当にうれしかった。

立花　私が妊娠したことを、ウチの主人よりも先にこちらの夫婦が知って、3人で「キャー！　おめでとー！」って抱き合って（笑）。

西村　旦那さまはお仕事で来られなくて、私たちが先に聞いちゃったのよね（笑）。

立花　このあいだ、ひさびさにウチの子と知さんちの娘さんが会ったら、恥ずかしがるかなと思ったらけっこう普通にふたりでしゃべっていて。あのふたりが結婚したら楽しいのにね（笑）。

西村　いやいやいや（笑）。でも本当に理佐ちゃんは交友関係が広くて、やっぱりお酒が強いから、そういうお酒の席で一緒になると余計に仲良くなれるもんね。

立花　でも私、お酒で知さんの前でも失敗してるもんね？

西村　あまり憶えてないな～（笑）。

立花　私は喜怒哀楽が激しくて（笑）。だからお酒もやめなきゃと思ってる。

西村　いやいや、楽しいお酒だからいいのよ。過去に「これはちょっとさすがにヤバかったな」っていうのはある？

立花　思い出したくもない（笑）。若い頃はダンプちゃんとかハーレー斉藤とか風間ルミちゃん、ライオネス飛鳥とかと毎晩朝まで飲んだりしてて。

西村　うわ～。じゃあ、気がついたら「えっ、ここはどこなの？」っていうのもあった？

立花　あっ、もうウチの旦那と付き合ってた頃なのでそれはなかったの。ちゃんとおうちまで帰ってて。

西村　そこは安心だね。酔って暴れたことはないんでしょ？

立花　ダンプちゃんの下敷きになったことはある。

西村　えっ、どういうこと!?（笑）。

立花　昔、ダンプちゃんが酔っ払って倒れかかってきたの。そうしたら私とダンプちゃんの妹が下敷きになって、しかも私がいちばん下で、もうダンプちゃんが重いから息ができないの（笑）。

西村　圧迫されちゃって！

立花　次の日の新聞の見出しに「立花理佐、ダンプ松本の下敷きになって死亡！」って出るんじゃないかって（笑）。それでみんなでダンプちゃんを起こそうとするんだけど、酔っ払ってるから重すぎて、私とダンプちゃんの妹のふたりで「もう終わったな……」って。

「楽屋に顔を出したらデビル雅美さんがカレーを作ってきてくれていて、食べようとしたら『理佐、食べるな！』って」（立花）

西村　うわ～！

――「立花理佐、ダンプの下敷きに！」って交通事故みたいですね（笑）。

立花　そう！（笑）。何人がかりでやってもダンプちゃんが立たなかったの。

西村　それで怪我はなかったの？　大丈夫だった？

立花　怪我はなかったんだけど、息ができなくて（笑）。

――それがいちばんヤバいですよ（笑）。

立花　「死んじゃう……」と思って（笑）。あとはダンプちゃんとお店のお酒を全部飲んじゃって「もうこれで最後です」って言われたりとか。まだ20代のときだよ。いまはできないけど。

西村　お店のお酒を飲み尽くしたの!?　すごーい！（笑）。

立花　だって20代だもん。

西村　いやいや、20代でも（笑）。だってバリバリのアイドルだったときでしょ？

立花　豪快だったのよ（笑）。女子レスラーと仲良くなったきっかけは、雑誌の対談とかもあるけど、女子プロの中継のときに毎週かならずアナウンサーの人とゲストでアイドルのコも呼ばれてて、それも私も行ったことがあって。知さんも行かなかったですか？

西村　私はそっちは全然詳しくなかったから呼ばれなかったのかも。

立花　私は全日本プロレスにも呼ばれたことがあったから、女も男も両方行ったよ。そういうお仕事は事務所が「ご褒美だよ」ってことで入れてくれて。それで、ほかのコたちは現場で「キャー！」とか言うらしいんだけど、私はジーッとして見入っていたらしくて（笑）。真剣に試合を観てるから、もう誰ともしゃべらないの。

西村　そういうときって、リングには上がらせてもらえなかったの？

立花　それはなかったけど、ダンプちゃんがわざと場外乱闘をして、私をうしろまで追っかけてきたのは憶えてる。イスを持ってずっと追い回してきて（笑）。

西村　それは怖いね！（笑）。まあでも、お客さんは盛り上がっただろうね。「立花理佐がダンプに追いかけられてる！」みたいな（笑）。

立花　ダンプに潰されたり、追いかけられたり（笑）。それであとで「長与千種が楽屋に呼んでます」って言われて。

西村　えっ、呼び出し!?

立花　それで行ったら「理佐は本当に女子プロが好きなんだね」って言われて、それからはもう仕事の空きがあったらいつも楽屋に呼ばれるようになって。

西村　じゃあ、毎回観に行ってたってこと？

立花　私、1回さ、大阪に帰っていた時期があったでしょ。

西村　あっ、大阪で活動していたのよね。大阪の番組で一緒になったもんね。

立花　そのときに千種さんから電話がかかってきて、「今日、大阪で試合だから来い」って言うの。私もうれしいから観に行って、試合前に楽屋に顔を出したらデビル雅美さんがカレーを作って持ってきてくれたりとかして。それをみんなで食べようとなって、私も食べようとしたら「理佐、食べるな！」って。

西村　えっ、どうして？

立花　「これ、食べられたもんじゃないから」って（笑）。

西村　えっ、どんな味だったのかな（笑）。だってカレーを不味く作るって難しいでしょ？

立花　そのときは辛すぎたのかな。みんな一口だけ食べてやめてて。

西村　えー、興味津々～！　ちょっとそのデビルカレーを再現してほしいですよね（笑）。

立花　そんな感じでいつも楽屋で遊んでもらってたの。私は大ファンだから、そこにいるだけでもう楽しくて。

西村　それでいまもみなさんとはつながってるわけでしょ？

立花　子育てが忙しくなってからはちょっと連絡を取らなくなったけど。

西村　子育てが始まるとどうしてもねー。

立花　だから、そのあとは知さんとずっと一緒にいたりで。

西村　今度はママ友でっていうね。

立花　もう私、知さんがいないと生きていけないの（笑）。

西村　またまた、そんなことを～。

「理佐ちゃんは10代の頃から変わらなくて、ずっとこのかわいさだから『理佐ちゃんだったらいいよ』ってなっちゃうんだよ」（西村）

――「西村知美さんがいないと生きていけない」って言う人、初めてじゃないですか？（笑）。

西村 私も初めて聞きました（笑）。えっ、私は何もやってないよ。

立花 いやいや、だって誕生日会もやってくれるじゃないですか。

西村 そ、それも要因なの？（笑）。

立花 だって、赤ちゃんができたかもって不安なときに一緒にいてくれた人で、子どもが生まれてからも一緒にディズニーランドとかいろんなところに連れて行ってくれたりして。

――西村さんって、なんでそんなにやさしいんですかね？

立花 ねえ。なんでそんなにやさしいの？

西村 理佐ちゃんは10代の頃から変わらなくて、ずっとこのかわいさだから、「いいよ、いいよ、理佐ちゃんだったらいいよ」ってなっちゃうんだよ。

立花 私、甘えすぎだけどいいのかな？ って思っちゃう。

西村 甘え上手だからいいのよ。だって、なんと言ってもレコード大賞の最優秀新人賞ですよ？

立花 それはまったくいまの話と関係がないような気がするけど（笑）。でも、知さんも新人賞を獲ったでしょ？

西村 いや、私のときは最優秀は少年隊だったから。

立花 そっか。私は光GENJIが出なかったので獲れた感じで。そのときもだよ、私、千種さんから泣かされたの。当時は賞レースがいっぱいあって、それで横浜音楽祭で最優秀新人賞は酒井法子ちゃんで私は獲れなかったのね。そのときクラッシュ・ギャルズも何か賞をもらっていて、私はその日はもらえないってことがわかってたから全然なんとも思っていなかったのに、千種さんが「ねえ、理佐！ 悔しいんでしょ！」って言うから「いや、べつに」って答えたら、「本当のこと言いなさいよ！ 悔しいんでしょ！」って、凄くしつこいのね（笑）。

――自白の強要みたいに（笑）。

立花 なんか凄く熱くなってて、「理佐！ 悔しいと思わなきゃダメだよ！」みたいな、なんか凄いお説教が始まって「これ、私が泣かなきゃ終わらない……」と思って（笑）。

――アハハハハ！

西村 アツすぎるね～！ 長与さん、カッコいい～！

立花 それで私もとりあえず泣いて、「悔しいです！」って（笑）。そうしたら、千種さんが「そうだろ!?」って言ってハグしてきて（笑）。

西村　青春だね〜！　私もハグしてもらいたかったわ（笑）。

立花　「悔しいと思わないと、これから芸能界を渡っていけないぞ！」みたいなお説教をずっと食らって。最初はうれしかったんだけど、だんだんしんどくなってきて（笑）。

西村　でも、それくらい期待してくれてたってことよね。ちょうどその頃って、長与さんがウチの事務所と業務提携していて、その関係で私も一度お食事をさせていただいたことがあったんだけど、カッコよかった〜。私は「悔しいんでしょ！」とは言われなかった（笑）。

立花　だから千種さんとしては「このコは私が見つけた」っていう感じだったんでしょうね。それこそ私を「楽屋に来なよ」って呼んでくれたときあたりから、ずっと目にかけてくれててうれしかったですね。

——それで最近ニュースになっていましたけど、立花さんは2000年に直腸がんで大きな手術を受けていて、その闘病の影響でずっと鬱だったそうで。それが最近回復してきたことで、公表をされたということですけど。

立花　そうなんですよ。それはね、私、プロレスのおかげで元気になったんです。このあいだ（2023年10月1日）、クラッシュ・ギャルズ40周年の記念ライブを横浜に観に行ったおかげなんですよ。

——かなり精神的に落ちていたんですか？

立花　めっちゃ落ちてて。だからジャンボ堀さんと会ったときに大泣きした日があって、それで堀さんから「理佐、もう公表したほうがいいよ」って。「ファンの人たちからコメントとかをもらって、それで元気になったり力になることもあるから言ったほうがいいよ」っていうことを3カ月くらい前に言ってくれて。その頃は知さんが私をあっちこっちに連れ出してくれていて、だいぶよくなってはいたんですよ。

——西村さんはずっとやさしいですね。

西村　少しずつ元気をつけるようにってね。

立花　私が外に出たがらないもんだから、頻繁に連れ出してくれて。最初はなるべくウチの自宅から離れない程度の近所を一緒に散歩したりして。

「知さんって私のお母さんみたい。
血がつながってるんじゃないかなってくらい、
私のことを想ってくれている」（立花）

立花　そうやってちょっとずつ特訓してくれて。ウチの近所から始まって、それから渋谷に行ったり、恵比寿に行ったりって、ちょっとずつ遠くしてくれて。

西村　とにかく理佐ちゃんは歌が好きだから「カラオケに行こうよ！」って誘ったりとか。

立花　そう。昼間からずっと連れて行ってくれて。

西村　夜に飲みに行こうとは言えないから、昼間にカラオケならいいかな、みたいな。

立花　私は昼間でも飲むんだけどね（笑）。だから知さんとあとは千葉美加も凄く外に連れ出してくれて。あとはビーバップのお兄ちゃん連中に心配してくれて、工藤（殺陣剛太）とかテル（白井光浩）とかノブオ（古川勉）とかが（笑）。それでだんだんと「あっ、遠出しても大丈夫かも」って思うようになってきて、それで最初に武蔵小山の立野記代さんのお店まで遠出したの。そこで私も凄く自信を持ってきちゃって、今度は記さんが私を目黒に呼んでくれて堀さんのお店に行って。そうしたらまた元気になって、それで堀さんのところでうわーっと泣いて（笑）。

西村　それでスッキリしたのかもね。

立花　それで横浜までクラッシュ40周年を観に行ったら、またそこでもゴンゴンが「元気にな〜れ、元気にな〜れ！」って一生懸命に背中をさすってくれたの。そのときに小倉由美パワーが私の中に注入されて、「よし！　私、生きていける！」みたいな。

――うわー、よかったですねー！　じゃあ、本当に日々つらかったんでしょうね。

立花　それまでは知さんにもずっと「死にたい、死にたい」って言ってて。

西村　ちょうどコロナとも重なっちゃっていたから、そういうところで精神的にもね。

立花　それがいまは1日たりともそんなことは思わなくなったの。

西村　よかった〜！　本当によかったね〜！

立花　アイドル、ビーバップ、女子プロレスのパワーで！（笑）。

西村　熱い心が人を元気にするんだよね〜！

立花　最初は外に出るのが怖かったのに「なんで、みんな私をこんなに連れ出してくれるんだろ？」と思っていて、「行きたくない、行きたくない」って言ってたんですよ。途中で気持ち悪くなったらどうしようとか。そうしたら知さんなんかが「しんどくなったらいつでも言って」みたいに言ってくれるから、がんばって外出していくうちに私もだんだんと元気になって、元気になりすぎちゃったのか外に出すぎるようになって、ウチの旦那から「キミ、忙しそうだね」とか言われて（笑）。

西村　そろそろ子育てもちょっと落ち着いてきたから、少しずつもっと自分の人生を楽しんだほうがいいよね。とても理解のある旦那さんも一緒だし、これからは理佐ちゃんも自分の時間を大切にしてほしいなと思っています。

立花　知さんって私のお母さんみたい。血がつながってるんじゃないかなって思うくらい、私のことを想ってくれている。

西村　前世で姉妹だったりとか、何かあるかもしれないよね。

立花　本当に「私、こんなに甘えていいのかな?」っていつも思っています。

西村　理佐ちゃんはいつだって笑顔が最高だもん。明るいし、かわいいし。

――西村さんも、立花さんという存在に癒やされているわけですね。

西村　癒やされてます。会うたびにこの笑顔が見られることをいつも楽しみにしてるもん。井上さん、私以上にテンションが高い人もいるっていうことを今日わかっていただけましたか?

――いえ、互角です(笑)。

立花　私、早朝のロケに行ったら、榊原郁恵さんから「理佐ちゃん、酔ってる?」って聞かれたことがある。そのとき私は15歳だったのに(笑)。

西村　それくらい元気まんまん!

立花　ひとりでいるときは普通のテンションというか低いときだってあるけど、私は人の姿を見たら急にしゃべり出すから(笑)。

西村　そのスイッチがオンするのが速いのよね(笑)。

立花　楽屋でもこの調子だから、本番になったらもう疲れちゃってるんですよ(笑)。それで家に帰ったらもうさらに疲れていてぐったりして。昔、レギュラーでやっていたクイズ番組の収録が楽しく終わって、家に帰ってドアを開けた瞬間に涙が止まらなくなったことがあって。

西村　えー?　どうして?

立花　収録で失敗したとか何もなかったから、自分でもその涙の意味がわからないの。ただテンション高すぎて疲れすぎっていう(笑)。

西村　最高~!　いや~、懐かしい~。こういう話をしていると10代の頃に戻るね!

立花　戻るっていうか、15歳からずっと変わってない!(笑)。

西村知美（にしむら・ともみ）
1970年12月17日生まれ、山口県宇部市出身。女優・タレント。芸映プロダクション所属。
1984年11月、姉が写真を応募したことで雑誌『Momoco』のモモコクラブに掲載され、同雑誌が主催した『第1回ミス・モモコクラブ』でグランプリを受賞。これがきっかけとなり芸能界入りし、1986年3月に映画『ドン松五郎の生活』でデビュー。同時に主題歌『夢色のメッセージ』でアイドル歌手としてもデビューを果たす。その後は、ドラマやバラエティ番組、声優や絵本作家として活躍。1997年、元タレントでCHA-CHAのメンバーだった西尾拓美と結婚して、愛娘を授かる。現在も精力的に芸能活動中。

立花理佐（たちばな・りさ）
1971年10月19日生まれ、大阪府大阪市出身。歌手・女優・タレント。グッデイ所属。
1986年に『第1回 ロッテ CMアイドルはキミだ!コンテスト』でグランプリを獲得したことを機に芸能界入り。1987年4月1日、『疑問』でデビュー。TBS『毎度おさわがせしますIII』での主役を始めとするドラマやCMなどに多数出演し、歌手としても1987年の各音楽賞レースの新人賞を受賞。同年末の第29回日本レコード大賞では最優秀新人賞を獲得した。2023年11月、2020年に直腸がんと診断されて腸、子宮、卵巣、膣の摘出手術を受けていたことを公表した。現在は舞台を中心に女優として活動中。

HENTAIZADANKAI

玉袋筋太郎の変態座談会

TAMABUKURO SUJITARO

"闘う青年将校"

KAZUO YAMAZAKI

山崎一夫

髙田との青春のミサイルキック合戦
新日本とUWFを行き来して大激闘
プロレス界の歴史が大きく動くとき
そこにはきまって山ちゃんがいた!!

収録日:2023年12月11日　撮影:タイコウクニヨシ　写真:山内猛　構成:堀江ガンツ

[変態座談会出席者プロフィール]

玉袋筋太郎(1967年・東京都出身の56歳/お笑い芸人/全日本スナック連盟会長)

椎名基樹(1968年・静岡県出身の55歳/構成作家/本誌でコラム連載中)

堀江ガンツ(1973年・栃木県出身の50歳/プロレス・格闘技ライター/変態座談会主宰者)

[スペシャルゲスト]山崎一夫(やまざき・かずお)

1962年8月15日生まれ、東京都港区出身。元プロレスラー。整体師・鍼灸師。山崎バランス治療院院長。1981年に新日本プロレスに入門。1982年5月6日、ブラックキャット戦でデビュー。若手時代は髙田延彦らと激しくしのぎを削り、初代タイガーマスク(佐山聡)の付き人も務める。新日本を退団して佐山が主宰するタイガージムのインストラクターとなり、1984年、佐山とともに第1次UWFへ参加。1985年、団体崩壊により新日本に復帰。IWGPジュニアヘビー級戦線やタッグ戦線などで活躍し、藤原喜明とのタッグでIWGPタッグ王座を獲得。1988年、第2次UWFの旗揚げに参加。第2次UWF崩壊後は髙田延彦らとUWFインターナショナルを旗揚げする。いわゆるU時代は前田日明や髙田のライバルとして、そして北尾光司やゲーリー・オブライトなどの外敵を迎え撃つポジションだった。1995年7月、Uインターを退団してフリーとして新日本に再復帰を果たす。肺挫傷および気管支拡張症のため、2000年1月4日に永田裕志戦で現役を引退。引退後は『ワールドプロレスリング』レギュラー解説を約21年間務め、本業である神奈川県綾瀬市で整体治療院を経営している。

格
スター
ここから10呼
adidas

「猪木さんはマッサージをしている最中に寝ちゃうんですよね。だから『いつまでやればいいんだろう？』って（笑）」（山崎）

ガンツ　玉さん！　今回の変態座談会ゲストは、満を持して山崎一夫さんに登場していただきました！

山崎　遠いところまですみません。

玉袋　いや〜、とんでもないです。今日は山ちゃん＆玉ちゃんでよろしくお願いします！　ここ山崎バランス治療院はもう何年くらいやられてるんですか？

山崎　２０００年1月に東京ドームで引退したあと、最初は海老名駅前で開業したんですよ。5年後にいまの場所（神奈川県綾瀬市）に移転したんですけど、営業自体は今度の1月で24年ですね。

玉袋　もう24年ですか。それは凄い。整体の仕事を始めるきっかけはなんだったんですか？

山崎　ボクの師匠は、自分が現役時代に首とか腰を痛めていたときに治しに行っていたところなんですね。たとえば首をやっちゃって整骨院に行くと、カラーをハメられて「1週間固定して」って言われるんですけど、そこで施術してもらうと2日で治るんですよ。凄く助かった。

玉袋　言ってみればゴッドハンドですね。

山崎　で、元を辿ってみたら先生は自分が通っていた中学校の大先輩だったことがわかって、そういう縁もあり凄くかわいがってもらって。「俺の知っていることだったら全部教えてやるぞ」って言われて、その気になって。で、「先生が全部教えてくれるなら、学校なんか行かなくてもいいですよね。免許いらないですよね？」って言ったら、「バカ野郎！　おまえ、それでどうやって医者と喧嘩するんだ」って言われて。

椎名　医者と話せるぐらいの知識がなきゃダメってことですね。

山崎　それで「とにかく学校に通って国家資格を取ってこい」って言われて、Uインター時代から高田馬場にある早稲田医療学園ってところに通うようになって。夜間なんですけど、練習後に3年間通ったのでけっこう疲れましたね。

椎名　大変なんですよね、国家試験を通るのは。

玉袋　Uインターの道場から高田馬場だとけっこう距離がありますけど、バイクか何かで行ってたんですか？

山崎　いや、電車です。電車のほうが時間が読めるし、また学割が利くんですよ（笑）。

玉袋　学生ですもんね（笑）。

山崎　でも、あんまり人にはバレたくなかったんで、キャップを深く被って電車に乗っていたんですよ。でも身体の大きさでわかっちゃうみたいで、子どもが寄ってきちゃったり。高田馬場のラーメン屋とか蕎麦屋で食事していたら、「山崎さんですよね？　どうしたんですか？」って言われたりして（笑）。

玉袋　Uインターの山崎一夫をなぜか高田馬場で頻繁に見かけるっていうね（笑）。

ガンツ　山崎さんの若い頃っていうのは、まだ団体専属のトレーナーもいない時代ですよね？

山崎　いませんでしたね。ボクも試合中、頭からドーンと落とされたときに首が詰まってビリビリって電気が走ったことがあるんですよ。控室に帰って、首を引っ張ってもらってなんとかなりましたけど。

玉袋　当時は乱暴ですよね。

椎名　全日本だと三沢（光晴）さんが試合後、いつも若手に首をグーッと引っ張ってもらっていたイメージがありますよ。

山崎　だから首や腰が悪くなると、いい治療院の噂を聞いて行くしかないんですよ。でも、やっぱり自分に合う合わないっていうのがありますし、難しいですよね。いまは専属トレーナーがついて、選手ひとりひとりの症状がわかっているからいいんですけど。

玉袋　身体のケアの面では、いまのほうが昔と比べてずいぶん進んでいるわけですね。

山崎　選手にとってはいい環境になっていますね。

ガンツ　80年代なんかは、あれだけ休みなく巡業が続いていたのに、若手レスラーが先輩のマッサージをするくらいだったんですよね。

山崎　そうですね。ボクも猪木さんとか星野（勘太郎）さんにマッサージしてましたね。

玉袋　星野さんとか固そうだな。

山崎　ガチガチですよ。若手は興行が終わって宿泊先に戻ったあと、まず先輩の洗濯物を洗濯しているあいだにご飯を食べて、戻ってきたらマッサージですよ。忘れられないのが猪木さんで、背中から腰をずっとほぐすじゃないですか？　やっぱり疲れているから寝ちゃうんですよね。そうなると「いつまでやればいいんだろう？」って（笑）。

ガンツ　勝手にやめるわけにいかない。

山崎　しょうがないからちょっと強めにやってやんわりと起こして、「うっ、もういいぞ」って言ってもらったりして（笑）。

椎名　後藤達俊さんが倍賞美津子さんのマッサージをしながら勃起して、猪木さんに怒られたって聞いたんですけど（笑）。

山崎　そういう人です（笑）。

玉袋　そういう人か。ブロンド・アウトローだな～（笑）。

「背中でバンバン受け身をとっているうちに肺挫傷になり、毎試合血を吐くようになったから引退するしかないなと」（山崎）

ガンツ　山崎さんは当時のプロレス界が身体のメンテナンス

部分で遅れていたからこそ、整体の道を志そうと思った部分もありますか？

山崎 自分が首とかを悪くしてからですね。自分が助けてもらったことを選手に還元する。そうすることで選手たちがこういう道に来るんじゃないかなと思って。

玉袋 いやあ、いい道ですよ。

椎名 ボクも東洋医学の治療をよく受けるんですけど、現代で唯一の魔法じゃないかと思うんですよ。その効果に感激させられるっていうか。

山崎 ボクが若手の頃、右ヒザの内側靭帯を痛めて屈伸もできなかったとき、珍しく猪木さんが「俺も行くから、おまえも行くか？」って、代官山の鍼のお医者さんに連れて行ってくれたんですよ。猪木さんが行くくらいだからうまいんだろうなと思っていたんですけど、まず右ヒザに鍼を入れているか入れていないかわからないぐらいソフトな感じで触れたあと、今度は同じように左ヒザをスーッと触って。「右ヒザなのに、なんで左ヒザも触るんだろう？」と思ったんですけど、「終わったんで屈伸してみてください」って言われてやったら、ちゃんとできるんですよ。「うわ、凄え！　なんだこれ！」って思って。

椎名 腕がいい人は、本当に魔法みたいで感激しちゃいますよね！

玉袋 巨人軍Ｖ９時代の野球界に伝説のトレーナーがいて、のちに中日の谷沢健一がアキレス腱を痛めて引退寸前まで追い込まれたときにそこに行ったら、みるみる回復して首位打者のタイトル獲得しちゃったって話がありますけど。やっぱり、そういう人はいるんですね。

ガンツ 山崎さんはそういった施術の奥深さに魅了されて、それを追求するために２０００年1月、38歳の若さで引退したわけですか？

山崎 というか、ボクは前々から「現役は40歳ぐらいまでだろうな」と思っていたんですよ。あの頃の新日本は若い選手もたくさんいたんで、「これはとっとと辞めないとコイツらに迷惑だな」と思って。ボクが若手の頃は、テレビに出るような上の選手は顔ぶれが何年も変わらなくて「これでいいのか？」っていう思いもあったんで、「早くあの人辞めないかな」っていう、若手の気持ちもわかるんです（笑）。

玉袋 老害になる前に後進に道を譲ろうと。

山崎 ボクの場合はそういった気持ちだけじゃなく、肺と気管支をやっちゃったんですよ。背中でバンバン受け身をとっているうちに肺挫傷になって、毎試合血を吐くようになって。そこから気管支も悪くなって、タイガー服部レフェリーに「ちゃんと病院で診てもらったほうがいい」って言われたんですけど、どこで診てもらえばいいかわからず、喉だから耳鼻咽喉科に行ったんです。そうしたら「喉が2〜3カ所切れてるね」って薬を出されて終わりだったんですよ。ボクが吐いた血の量を医者は見ていないので。

椎名　そんな大量の吐血だったんですか。

山崎　それで全然治らないので、呼吸器の先生に肺のレントゲンを撮ってもらったら、肺の中に白い点がいっぱいあるんです。「これはみんな出血しているところ」って言われて。で、スコープを入れて肺の中を診ることになって。

椎名　肺カメラをやったんですか？　ボクも一度やったんですけど、あれめっちゃ怖かったんですよ！

山崎　そうですよね。胃カメラを入れるのをみんな怖がりますけど、肺カメラに比べたら屁でもないですよ。

玉袋　へえ〜！　そこまでですか。

山崎　気管って、ご飯粒が一粒入っただけでゴホゴホなって苦しいじゃないですか？　それを鼻からスコープを入れるんですけど、ちょっと入れては麻酔して、その都度ゴホゴホやって。麻酔が効いてきたら、また少し奥まで入れて麻酔をシュッと入れて、ゴホゴホやって麻酔が効くのを待つ。肺にスコープが届くまで、ひたすらそれを繰り返すんです。

玉袋　聞いてるだけで鼻の奥が苦しくなってくるよ。

山崎　それでスコープで撮った肺の映像を見て、「ほら、肺の下のほうに血液が溜まっているでしょう？　これが山崎さんのいまの肺です。そりゃ苦しいよね」って言われて。その肺に溜まった血を毎試合、自分は吐き出していたんですよ。

椎名　そんな状態だったんですか。

山崎　で、「これは引退するしかないな」と思ったんですけど、たまたまその先生がプロレス好きで、「気管支拡張症のための薬や肺挫傷のための薬、その他4種類くらいの薬を飲んで治療すれば現役を続けられますからやりましょう！」って言うんだけど、「いやいやいや」って（笑）。

ガンツ　ドクターストップならぬ、ドクターゴーサインが出ちゃって（笑）。

山崎　薬はかならず副作用もあるんで、飲み続けることで腎臓とか肝臓が悪くならないか、そっちのほうが心配で。それで引退を決意して、当時の社長だった藤波（辰爾）さんに伝えて、「スポット参戦でもいいから続けないか？」と引き留めてはもらったんですけど、これからの人生のほうが長いので、これを機にキッパリ治療の道に進もうと決めましたね。

「UWFはいつまで経っても燻り続けていて、終戦を迎えないのが凄いよな。火種が消えねえんだもん」(玉袋)

玉袋　肺挫傷は自然治癒していったんですか？

山崎　肺に溜まった血はだんだんなくなっていったんですけど、気管支拡張症が問題で。これは気管が拡がるのかと思っ

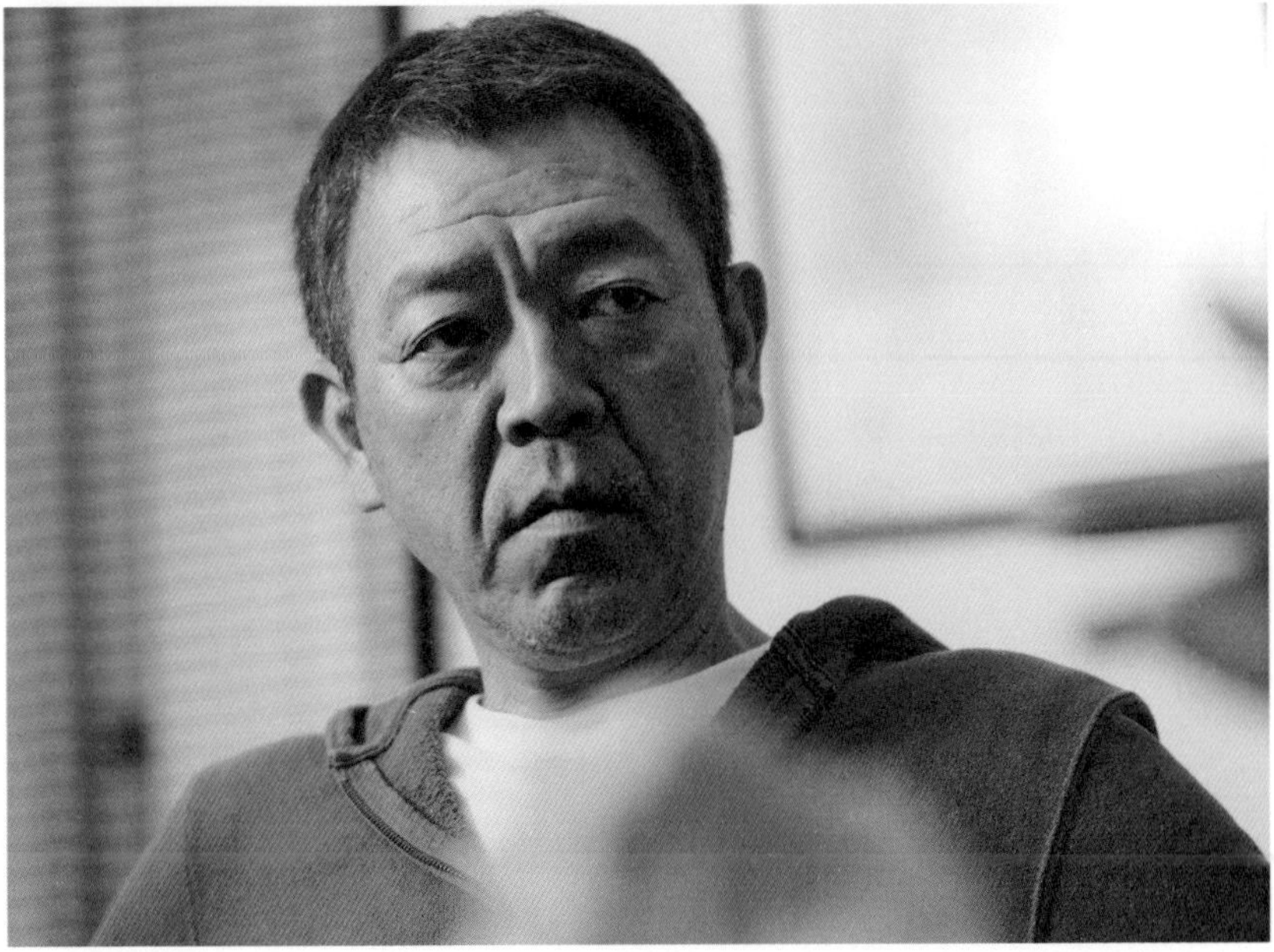

たら、管が太く拡大することで気管が狭くなって、喘息のような症状になるんですよ。だから引退試合の永田（裕志）戦は1分でヘロヘロになって、映像をよく観ると3分くらいで顔が真っ青なんです。

玉袋　もう闘える状態じゃなかったんですね。

山崎　それで控室に戻ったあと、現場監督の長州さんに「しょっぱい試合ですみません」って挨拶したんですよ。そうしたら引退試合だから「お疲れ様」とか、ねぎらいの言葉をかけてくれるかと思ったら「（長州口調で）うん、そうだな」、その一言（笑）。

椎名　おまえの言う通り、しょっぱかったなと（笑）。

山崎　変な甘い言葉を期待したボクがバカでした（笑）。

玉袋　それは心置きなく引退ですね（笑）。

ガンツ　でも山崎さんの引退試合って、おそらく前田（日明）さんと髙田（延彦）さんが一緒にいた最後の場面ですよね？　リングサイドでふたり並んで山崎さんの引退試合を見届けて。

玉袋　それが最後のツーショットなんだ！

山崎　これも何かの不思議な縁なのかなって思うんですけどね。

椎名　ふたりとも山崎さんの引退だから来なくてはっていう。

玉袋　ありがたい話ですよね。

ガンツ　その後はずっと疎遠で、猪木さんのお葬式ですらツーショットは見られなかったですからね。

山崎　ボクも猪木さんのお葬式はどうしようかと思ったんですよ。もちろん行きたい気持ちはあったんですけど、前田さんと髙田さんが揃っている可能性がある場所に行きたくないなって（笑）。

ガンツ　面倒なことになりそうだと（笑）。

山崎　スタッフも凄く気を使っていたみたいですからね。あとで話を聞いたら、行かなくてよかったって（笑）。

椎名　そこに山崎さんがいたら、あいだを取り持つ役をやらされていたかもしれないですよね。「山崎さんしかいません！」って（笑）。

山崎　ダチョウ倶楽部の「どうぞ、どうぞ」みたいに（笑）。

玉袋　ＵＷＦはいつまで経っても終戦を迎えないのが凄いよな。燻り続けてるっていうね。火種が消えねえんだもん。

山崎　これは消そうにも消えないんでしょうね。

ガンツ　山崎さんと前田さんの関係は、新日本入門当時から始まってるんですよね？

山崎　前田さんとの関係も整体のことに関わってくるんですよ。前田さんが寮長でボクがまだ新弟子の頃、前田さんがボクが腰が悪いのを知っていて、いまのボクの師匠の先生のところに「俺も治療に行くから、おまえも行くか？」って誘ってくれたのが最初なんです。前田さんにそこに連れて行ってもらっていなかったら、ボクはこの仕事についていないです。

玉袋　前田さんはそういうやさしさがあるんですね。

ガンツ　でも山崎さんが入門したとき、山崎さんのお姉さんが前田さんに連れて行かれそうになったという有名な話もありますよね（笑）。

山崎　その話を有名にさせたのはボク自身なんですけどね（笑）。

ガンツ　山崎さんが入寮するとき、お姉さんが引っ越しの手伝いで合宿所まで来たら、前田さんに速攻ナンパされたという（笑）。

玉袋　俺が交通事故に遭ったときに親戚のお姉さんが見舞いに来てくれたら、ちょうどダンカンさんが来て「一緒に飲みに行こう」って親戚のお姉さんを連れて帰っちゃったのと同じだね（笑）。その後、どうなったか俺は知らないんだけど。

ガンツ　でも前田さんは結局未遂に終わったんですよね？

山崎　最初からお話すると、新日本の寮に入るとき「自分が寝る布団だけ持ってこい」って言われたんですけど、ボクは原付の免許しか持っていなかったから、姉貴のクルマに布団を積んで持ってきてもらったんですよ。それでボクが2階の部屋に布団を運んでいる最中に、玄関で待っていた姉貴に前田さんが「お姉さん、お茶飲みに行きませんか？」って。ものの5秒でですよ（笑）。

玉袋　玄関開けたら5秒で合体の勢いだな（笑）。

山崎　それで前田さんが「ちょっと財布取ってきます」って2階に上がった瞬間、木村健悟さんが「逃げなさい！」って姉貴を逃して事なきを得たんですよ。後にも先にも木村健悟さんに感謝したのは、このときだけですね（笑）。

「毎回1万円お小遣いをもらえるってタイガーマスクの付き人っていうのは違うな。たけし軍団はそれがねえんだよな」（玉袋）

椎名　お姉さんも、「私の弟はどんなところに入ったんだ」って思ったでしょうね（笑）。

玉袋　鬼の住処だよ。

椎名　山崎さんも入門後、トイレの清掃ブラシに「これで歯を磨いてはいけません」って書いてあるのを見て、「なんつーところに来てしまったんだ」って思ったんですよね？

山崎　「とんでもないところに来た」と思いましたけど、あれを書いたのは佐山（聡）さんらしいですね。

椎名　ウィットに富んだ佐山ジョークでしたか！（笑）。

玉袋　その冗談キツい感じが佐山さんだね。山崎さんは、佐山さん唯一の付き人だったんですよね？

山崎　ボクが入門してデビューする前に佐山さんがタイガーマスクとして帰国されて。本当は1試合だけやってイギリスに戻る予定だったのが、あれだけブレイクしたため、猪木さんと新間（寿）さんに頼まれて仕方なくタイガーマスクを続けるってなったとき、まだ誰の付き人にもなっていなかったボクが、坂口さんから「（坂口ボイスで）おい山崎、タイガーに付いちゃれ」って言われて、付くことになったんです。

椎名　坂口さんのモノマネ、そっくりですね（笑）。

山崎　付き人って洗濯のほかに、風呂場やシャワー室で背中を流すもんなんですけど、ボクは一度も佐山さんの背中を流したことがないんですよ。洗濯も試合用コスチュームとか練習着は洗いましたけど、下着のパンツは洗ったことがない。そういう細かい気配りをされる方でした。

玉袋　下半身のマスクは脱がせなかったわけだな。じゃあ、付き人として理不尽な要求をされるようなこともなかったわけですか。

山崎　まったくなかったですね。ほかの先輩の付き人ではない仕事としては、佐山さんは地方に行くと1日おきくらいに地元のデパートとかでサイン会をやっていたんで、試合前にリングアナの（田中）ケロちゃんと一緒にかならずそれに付いて行ってたんですけど。会場に着くと300枚くらい色紙が積んであるんで、佐山さんが「はい、山ちゃん。はい、ケロちゃん」って、100枚ずつ色紙を渡してきて、それぞれが〝タイガーマスクのサイン〟を書くという仕事がありました（笑）。

玉袋　当時のタイガーマスクのサインは筆跡鑑定しないといけねえな（笑）。
山崎　そのサイン会が終わるたびに佐山さんは、「はい、ありがとう。1万円」って、お小遣いをくれるんですよ。佐山さんから1万円以外のお金をいただいたことがないです。ほかの人の付き人をやっている新弟子は、たまに洗濯代をもらえるだけでピーピー言ってるのに、ボクだけ巡業ひと回りするとお金が増えてるんです。だからボクは凄く恵まれていたと思います。
玉袋　タイガーマスクの付き人っていうのは違うんだな〜。
山崎　玉袋さんも付き人とかやられてたんですか？
玉袋　（ビート）たけしさんの付き人っていうのは歴代何人もいるんですけど、ボクはしくじっちゃうのが怖いし、ご指名もかからなかったんでやってないんですよ。そのかわり、たけし軍団って10人くらいいたんですけど、その10人の付き人をひとりでやってたことがありますね。これがまたキツいんですよ。
山崎　（つまみ）枝豆さんとか（井出）らっきょさんとか。
玉袋　井出さんはあまり言わないんですけど、ダンカンさんとかね。全員タバコを吸ってたんで、ソープ嬢みたいに全種類のタバコを揃えてウエストポーチに入れて常備してたりとか。あとは当時、『ビートたけしのスポーツ大将』とか身体を使う番組が多かったんで、スパイクやユニフォーム全員分揃えたりとか、そういうことをやってましたね。また、付き人に対してすぐ「手が出る」ような時代だったんで、あれはよく耐えたなっていうのはありますね。

山崎　芸人さんも大変でしょうね。

椎名　当時の新日と全女、たけし軍団の下っ端は共通する部分がありますよね（笑）。

玉袋　先輩に厳しくされても小遣いもらったりしたことは忘れないもんなんだけど、たけし軍団はそれがねえんだよな。ウチの師匠はバンバン配ってたけどさ。

「ダイナマイト・キッド戦は、付き人なのにリング下で観ながら『すげえ！タダで観てすみません』って思っていました（笑）」（山崎）

山崎　だから先輩でもタイプが分かれますよね。佐山さんは付き人の苦労をご自分でも知ってるから、下の人間にそれはやらせない。でも逆に自分が上に立ったら、理不尽なことも平気で押しつける人もいますし。

玉袋　あの時代の新日本だから、クセが強い人もいっぱいいたんでしょうね。山崎さんから見て「コイツだけは」っていう人は誰だったんですか？

山崎　もう亡くなられてるので名前は出さないでください。ここの隣町、厚木の英雄だったらしい◯◯◯。あの人は本当に理不尽でした。

椎名　「バカ！」って言ってやりたくなりますね（笑）。

玉袋　客に「バカ！」って言われて、よろこんでる人だからね（笑）。

ガンツ　以前、新倉（史祐）さんにインタビューしたとき、「◯◯◯みたいな性格の悪いヤツから洗濯を頼まれたら、洗わずにいきなりすすぎだから」って言ってました（笑）。

山崎　新倉さん、やらされてたんだ（笑）。

玉袋　リング上で尊敬できるような先輩、「さすがだな、この人は」っていう試合のできる人なら、また近づき方も違うんだろうけど。リングの下から観ていても「すげえな」と思えない人に偉そうにされると、縦社会とはいえ「なんだ？」ってなりますよね。

山崎　どの世界もそうですよね。リスペクトがある人ならまだしも、「藤波さんとしかいい試合できてないだろ」って。

玉袋　その点、佐山さんは試合は最高だし、理不尽なことは言わないいい先輩だったから、いまでも思い出を語れるわけですよね。

山崎　ダイナマイト・キッド戦なんか、付き人なのにリング下で試合を観ながら「すげえ！」って思っていましたから。それもお客さんより前の至近距離なんで、「すみません。タダでこんな凄いもの観ちゃって」って感じで（笑）。だから佐山さんにもダイナマイト・キッドにも憧れましたし、「このふたりを足して2で割ったような選手になれたら凄いな」と思いながら、そこを目指して練習していましたね。

ガンツ　その山崎さんが第1次UWFに行く前、若手時代に新日本を辞めてしまったのは、上の先輩方に幻滅した部分もあったんですよね？

山崎　あの当時の新日本はゴタゴタしていたんですよ。クーデターがあったり、内部にはいろんな派閥があったりして。ボクら若手は詳しいことはわからないですけど、不穏な空気が伝わってきちゃった。そしてボクらは道場で藤原（喜明）さんに鍛えられて、一生懸命死に物狂いで練習していても、結局テレビ放送に出る人たちはずっと変わらなくて。「これは何年経ってもこのままかな」って、ちょっと幻滅しちゃったんですね。それでお世話になった佐山さんも辞めてしまったのも重なって、「もういいかな」って思っちゃったんです。

ガンツ　憧れて入った世界だからこそ、「こんな新日本プロレスは嫌だ」みたいに感じちゃったわけですね。

山崎　それで寮長の新倉さんには挨拶して、友達に布団を運んでもらって二子玉川にアパートを借りて出ちゃったんです。

椎名　けっこう新日道場の近くに引っ越したんですね（笑）。

山崎　その後、用賀にまた引っ越すんですけど、佐山さんが住んでいらしたのが桜新町で、用賀のすぐ隣なんですよ。で、ボクがまだ新日本に籍を残しながら「辞めたいな」と思っているとき、シリーズが終わってたまたま自宅近くを歩いていたら、ベンツがスーッとボクの横で停まって、窓が開いたと思ったら佐山さんが乗られていて「山ちゃん、元気？」って声をかけていただいたんです。運転席にはショウジ・コンチャがいて。

玉袋　出ました！　ショウジ・コンチャ！

山崎　それで「どうなの最近？」って聞かれたので、「じつはもう新日を辞めようと思っていて」っていう話をして。「何か仕事のアテはあるの？」「いや、これからどうしようかと思っているんですけど」という話の流れで、「タイガージムっていうのを今度やるんだけどさ、よかったら来ない？」って誘っていただいたので、新日本を辞めたあとタイガージムに入ってインストラクターになったんです。

玉袋　すげえ偶然だな〜。

椎名　佐山さん、待ち構えていたんじゃないかって気もするんですけど（笑）。

ガンツ　「あっ、インストラクター候補がいた！」みたいな（笑）。

山崎　でも、そこで佐山さんに誘っていただいたことで、のちに一緒にUWFのリングに上がることになったので。もし、

格闘技
UWF

あそこで佐山さんとお会いしていなかったら、ボクはもうリングに上がれなかったし、レスラー人生は2～3年で終わっていましたね。

椎名　山崎さんが付き人をやっているときから、のちのシューティングの考え方みたいなものは、佐山さんから聞かされていたりしたんですか？

山崎　いや、付き人時代はないです。むしろ佐山さんは格闘技路線に行きたい自分の気持ちを抑えながらタイガーマスクをされていたんじゃないかと思います。

「タイガージム所属になったことで、山崎さんは世界で初めてレガースを着けてリングに上がったプロレスラーなんですよね」（ガンツ）

椎名　佐山さんはタイガーマスクの頃、シューティングみたいな練習はされていたんですか？

山崎　佐山さん個人ではやられていたんじゃないかと思いますけど、ボクは一緒にやったことはなかったんです。だからタイガージムに入った当初は、キックの「キ」の字も知らない小僧だったんですよ。でも新日時代から「なんでプロレスラーはキックボクサーみたいな蹴りをやらないんだろう？」と疑問に思ってはいたので、タイガージムに行ってから一生懸命練習しましたね。いま思えば幸せな毎日なんですよ。佐山さんから直接キックを教えてもらえて、毎日スパーリングもしていたので。

椎名　キックはタイガージムに行ってからなんですね。山崎さんは最初から蹴っていたイメージがあったんですけど。

山崎　新日時代はストンピング程度ですよ。だからキックの基礎は佐山さんに教えていただいて、その後、タイガージムにシーザー武志さんやシンサック（・ソーシリパン）さんがたまにいらしてアドバイスをいただいたりして、自分の蹴りの形ができていましたね。

玉袋　佐山さん、シーザーさん、シンサックさんに習えるっていうのは、これはぜいたくですよね。

山崎　佐山さんに拾われなければこうなってないので、恩人ですよね。その後、ＹｏｕＴｕｂｅでシューティング初期の佐山さんが練習生を殴る動画が話題になるじゃないですか？

椎名　「それがおまえの思いっきりか！」ですよね（笑）。

山崎　だから、あの時代の生徒さんってみんな佐山さんを怖がるんですけど、ボクは付き人時代にも怒られたことはないんですよ。

玉袋　佐山さんも練習生に緊張感を持たせるために、あえてやっていたんでしょうけどね。アドレナリンを出させるために。

山崎　ただ、タイガージム時代に1回だけ殴られたことがあるんですよ。

玉袋　何があったんですか？

山崎　三軒茶屋のタイガージム時代に佐山さんがキックの雑誌のインタビューを受けて、その記者さんと格闘技について熱く語っていたんですね。そんな真剣に話に集中しているときに宮戸（優光）が、「ちゃんこを作ってもいいかどうか、佐山さんに聞いてきていただいてもいいですか？」って、ボクに言ってきたんですよ。「おまえ、このタイミングで聞いたら殴られるに決まってんじゃん」って（笑）。

椎名　ちゃんこを作りたくてウズウズしちゃってるんですね（笑）。

山崎　「自分で聞けばいいじゃん」って喉まで出かかったけど、「じゃあいいよ。聞いてくるよ」って、ボクがそのインタビュー中に割って入ったんですよ。「あのう、佐山さん。そろそろちゃんこを作ってもよろしいでしょうか？」って。そうしたら「何がちゃんこだ！」って殴られて（笑）。「ですよね〜」って感じですよ。

ガンツ　宮戸さんのちゃんこプライオリティが高すぎるっていうことですね（笑）。

玉袋　「そのタイミングじゃねえだろ」っていうね。佐山さんが格闘技を熱く語っているときに。

山崎　俺も長州さんを見習って、クソぶっかけようかと思いました（笑）。

ガンツ　そしてタイガージム所属になったことで、山崎さんはプロレスラーで初めてレガースを着けてリングに上がったんですよね。

山崎　記録によるとそうなるみたいですね。『ＵＷＦ無限大記念日』（１９８４年７月23・24日）という後楽園の２日間興行で佐山さんがザ・タイガーとして復帰して、ボクもそのオマケみたいな形でＵＷＦに上がらせてもらって。第１試合だったから、ボクが最初にレガースを着けてリングに上がったことになるんですよね。

ガンツ　当時はまだ前田さんも髙田さんもレガースを着けていない普通のリングシューズでしたもんね。佐山さんと山崎さんだけがレガースで。

山崎　あのレガースも、佐山さんが一生懸命考えて試行錯誤してできあがったんですよ。ボクはタイガージムで試作品も見てるんですけど、二重構造にしたり三重構造にしたり、タイガーマスクのマスクを作っていたＯＪＩＳＡＮっていうマスク屋さんと一緒になって、ああでもない、こうでもないって。脚を締めつけすぎてもダメなので、結局はスキューバダイビングをする人が着るスーツの生地になったんですけど、あれに決まるまで相当時間がかかってますよ。

玉袋　ウェットスーツの生地だったんだ。

山崎　そうです。ウェットスーツにあんこを入れたんですね。そこに至るまでは、そんな簡単なことではなかったです。だから、のちのち佐山さんが「商標登録しておけばよかった」って言ってましたよ。

ガンツ　いま、世界中のレスラーがレガースを着けてますからね。

山崎　蹴りもしないレスラーが、ファッションで着けてたりするんですよね。

玉袋　でも、その第1号が山崎さんだったっていうのが凄い。

山崎　それも佐山さんに付かせていただいていたおかげなんですよね。

玉袋　見てるほうからしたら、すげえ斬新だったよな～。

ガンツ　カッコよかったですよ。ザ・タイガーは赤のロングタイツに黒のレガースで。

山崎　佐山さんが赤だったんで、ボクは青のロングタイツにしたんですけどね。

「小林邦昭さんとの不穏試合の真相はそういうことだったんですか!?すげえ――！痺れるね～！最高だよ」（玉袋）

ガンツ　『UWF無限大記念日』は当時レンタルビデオで観たんですけど、めちゃくちゃ斬新で興奮しましたね。

椎名　「本物だ！」って思ったよね。

玉袋　あそこからUWFスタイルっつーもんが始まったわけだもんな。

ガンツ　でも第1次UWFは『無限大記念日』からたった1年2カ月で終わっちゃったという。凄く早いんですよね。

玉袋　豊田商事の事件なんかもあってな。

ガンツ　第1次UWFが活動停止になって佐山さんが離れて、山崎さんは前田さん、髙田さん、藤原さん、木戸（修）さんらと一緒に新日本に参戦するわけですよね。

山崎　あのタイミングで佐山さんとお別れをして、タイガージムを辞めたんですよ。「佐山さんは頂点を極められて、プロレスに未練はないと思いますけど、ボクは本当に中途半端にリングを降りちゃったので、UWFのリングを降りたらもう二度と上がれないと思うので、UWFに残りたいと思います」って言ったら、「うん。山ちゃんの人生だから、そうして」って送り出してくれたんです。

椎名　でもスーパー・タイガーが1年ちょっとしかやってないとは思えないですよね。

山崎　インパクトがほかとはまったく違ったんでしょうね。ただ、第1次UWFはテレビがついてなかったのであんまり人の目に触れなかったんですけど、新日本と業務提携をしたことでテレビ朝日の電波に乗って、UWFというものが多く

の人に知られるようになったんで。前田さんが長州さんの顔面を蹴って新日本を解雇されたあと、「何試合かやってダメならダメでいいじゃん。自分たちが本当にやりたいことをやろう」って、新生UWFを始めたんです。

玉袋　前髙山（前田・髙田・山崎）でそういう話になったわけですか。

山崎　そうですね。まず、前田さんが長州さんの顔面を蹴って干されたあと解雇になって、ボクが「髙田さん、どうしましょう？」って話をしたんですよ。それで（1988年）3月いっぱいまで新日本との契約が残っていたから、そこまではちゃんと試合をして、それから前田さんと一緒にもう一度UWFをやろうってことになったんです。

玉袋　前田さんの解雇が、結果的にいいきっかけになったわけか。

山崎　ボクとしては若手時代に一度、黙って新日本を辞めてタイガージムに行った経緯があったので、今度はちゃんと挨拶して辞めようと思って、髙田さんとふたりで当時副社長だった坂口（征二）さんのところに行って「こういうことをやりたいので、辞めさせていただきたいです」って言ったんです。そうしたら「そうか。わかった、わかった」って。

玉袋　坂口さんは受け入れてくれたんですね。

山崎　坂口さん自身、新日本が旗揚げされたあとに日本プロレスを辞めて移籍してるじゃないですか。自分が同じような経験をしているからこそ、選手が一度「こうだ」と決めたら変わらないだろうなと思ったんでしょうね。だから「わかった、わかった。がんばれよ」って快く送り出してくれました。

ガンツ　でも山崎さんは新日本を辞める前、小林邦昭さんと不穏試合をしていますよね？（1988年3月19日、後楽園ホール。髙田延彦＆山崎一夫vs小林邦昭＆保永昇男）。「第二の前田・長州事件」みたいにも言われましたけど、あのときはなぜ山崎さんと小林さんが喧嘩みたいになったんですか？

山崎　これはもう、いまなら言っていいのかな。あれは小林さんが言ってきたんですよ。あれはボクと髙田さんが新日本を辞める最後の試合だったんですけど、小林さんのほうから「おまえが仕掛けてこい。これから新団体をやるなら、最後にインパクトを残して出て行ったほうがいい」って。

玉袋　そうだったんですか!?　すげえーー！

山崎　「何もインパクトを残さずに新日本からスーッと消えるよりも『あれはなんだったんだ？』っていうインパクトを残して出て行ったほうが、次につながる話題になる」って。

ガンツ　なるほど。前田と長州だけじゃなく、山崎も同じ長州軍の小林邦昭と喧嘩して、自分の意地を貫いて新日本を出て行ったという形にしたわけですね。

椎名　そう見えるもんね。

玉袋　喧嘩マッチが小林さんからの餞別だったわけか。最高だよ。痺れるね～！

山崎　だから小林さんは凄くプロレス頭があるんですよね。

ガンツ　のちに小林さん、越中（詩郎）さんと誠心会館の抗争も小林さんが勝手に始めたものだったらしいですもんね。新日本が考えたわけじゃなくて。

玉袋　それがあれだけの抗争になって、反選手会同盟、平成維震軍になっていくわけだろ。小林さんすげえな。

ガンツ　そして小林さんと青柳館長はじつは親友同士だったんで、あの小林さんと誠心会館の抗争は、タイガーマスクと小林邦昭の抗争の逆パターンなんですよね。小林さんは、仲がよかった佐山さんが反逆を受け入れてくれたことで自分が〝虎ハンター〟になれた、恩人だって言っていたんで。山崎さんや青柳館長に対しても喧嘩することで注目度を上げようという意図があったんでしょうね。

椎名　そういえば小林さんは、フィッシャーマンズ・スープレックスもメキシコ時代に佐山さんと一緒に考えたって言ってたもんね。

山崎　へえ、その話もしたんですか。実際、佐山さんと小林さんは凄く仲良かったですよ。

玉袋　その仲がいいふたりが、日本中を燃え上がらせるような抗争をするんだもんな。

山崎　そこはやっぱり信頼関係があったから、あそこまでいけたんでしょうね。

玉袋　たまんねえな〜。

「1・4小川戦で、橋本さんがセコンドをお願いしてきたのはなにか予感があったんですね。山崎さんとはそういう絆があったと」（椎名）

山崎　ＵＷＦもそうだったんです。信頼関係があるから思いっきりいける。

ガンツ　新生ＵＷＦ旗揚げ戦の前田vs山崎は、いま観ても凄いですよね。山崎さんがハイキックをガンガン入れていて。

山崎　前田さんはあの晩、頭が痛くて寝られなかったらしいですよ。「このまま寝たら、翌朝死んでるんじゃないか」と思って怖かったって言ってました。ガードしないでバンバン受けてたから、３日間くらい頭痛もとれなかったみたいで。

椎名　やっぱり旗揚げ戦でインパクトを残すためにあそこまでやったんですか？

山崎　前田vs山崎なら、みんな「前田が勝つに決まってる」って思うじゃないですか。でも前田vs髙田をやってしまったら、当時のＵＷＦはもうそれ以上のカードがなかったんで、ボクがどこまで前田さんに迫っていけるかの勝負だったんです。だから必死ですよ。前田さんは仲間ですけど、やさしく蹴ってたらお客さんに失礼だし、練習してきたことをそのままリングでやるのがＵＷＦだったんで、やるしかない。最後はお互いにヘロヘロになるまで闘って、もう立ってるのもキツかったんですけど、お客さんの声援があったからあそこまでの試合ができたと思いますね。

玉袋　ＵＷＦの旗揚げは、お客の期待感と熱気が凄かったもんな〜。

ガンツ　山崎さん自身、もっとも印象に残っている試合はあの前田戦ですか？

山崎　Ｕではそれですね。ほかに挙げるなら、新日本で橋本（真也）とやった『Ｇ１』の決勝戦（１９９８年８月２日、両国国技館）。

ガンツ　あれもガンガン蹴り合って、殴り合った試合ですよね。

山崎　硬いリングシューズでなんの容赦もなく蹴ってきますからね。自分も飛び上がってドーンとＤＤＴやられて。アイツが生きてたら、いまもまたおもしろかったんでしょうけどね。

玉袋　そうだよね。もし生きてたら、いま頃長州さんとタレントとしても絡んでほしかったよ。

ガンツ　破壊王が生きてたら、武藤さんの出番がなかったかもしれない（笑）。

玉袋　令和のコラコラ問答を見たかったもん、俺。

ガンツ　橋本さんと言えば、１９９９年１・４東京ドームの小川直也戦で、山崎さんは橋本さんのセコンドでしたよね。

山崎　あれもたまたまだったんですよ。ボクがUインターを辞めて新日本に乗り込んだときは闘う相手だったのが、だんだんと組むようになって、あの日も橋本とは一緒の控室だったんです。そうしたら試合前に橋本が「今日、ボクのセコンドについてもらえませんか?」って言ってきて、そんなの初めてだったんでビックリしたんです。そんなことを言ってくるヤツじゃなかったから、「なに、どうした? なんかあった?」って聞いたら「なにか今日は嫌な予感がする」って言うんで、そんなことはないと思ったんですけど「わかったよ」って引き受けたんです。

椎名　橋本さんはなにか予感があったんですね。

山崎　そうしたらああいう試合になって、小川が倒れている橋本の顔面を蹴って収拾がつかなくなって。みんながリングに上がって一触即発になったとき、ご恩のある佐山さんが目の前にいて。ボクは佐山さんには手を出したりできないので「あれはないっすよ。あれはないっすよ。ひどいですよね」って言ったら、佐山さんはボクと目を合わせず、「そうだな、そうだな」って言っているだけで。佐山さんにとってもあそこまでのことになったのは想定外のことだったみたいです。

椎名　でも山崎さんと橋本さんにそういった絆があったんですね。

山崎　闘っているうちに打ち解けて、タッグを組む機会も増えていたんですよ。彼とのいちばんの思い出は、新日本の巡業でフェリーで紀伊半島に向かってるとき、たまたま橋本とふたりだけになったんですよ。そうしたら橋本が深刻な顔で悩みを打ち明けてきて。なにかと思ったら「彼女にフラれちゃったんですよ」って言うんだけど、「おまえ、結婚してなかった?」って（笑）。

ガンツ　常に恋の悩みを抱えている男でしたからね（笑）。

玉袋　家庭も破壊王だからな。

山崎　ジャイアンがそのままデカくなった感じでしたね。

椎名　それが山崎さんと気が合ったっていうのが不思議ですよ。真逆じゃんって。

ガンツ　きっと頼れる兄貴分というか、頼れる大人だったんでしょうね（笑）。

椎名　絶対そうだよね。

ガンツ　あと山崎さんの試合で印象深いのは、Uインター時代の北尾光司戦なんですけど。北尾はやってみて、いかがでしたか?

山崎　ボクらから見たら素人ですよね。北尾戦だけじゃなく小川直也戦もそうなんですけど、ボクはプロとしてやるべきことをやった感じです。それをのちのち『週刊ゴング』の金沢（克彦）さんが「山崎さんは天才ですね」って言ってくれたんですけど、それぐらいの評価をしていただけたなら、やったかいがあったなって思います。

ガンツ たしかに小川さんがプロレス転向したばかりのとき、橋本さんと2連戦をやったあとに山崎さんとやって、あれもいい試合でしたもんね。

『わかってくれる人がわかってくれればいいや』と思っていました。みんながアントニオ猪木になろうとしたら団体は成り立たない」(山崎)

玉袋 そういえば山崎さんと北尾選手がやる2週間ぐらい前かな？ 俺たち浅草キッドは大阪でラジオをやってたんだけど、ディレクターが凄いプロレスファンで、深夜1時くらいに生電話で山崎さんと話したような気がするんですよ。

山崎 ああ、ありましたね！

玉袋 「北尾さんに対してどういう感情ですか？」って聞いたら、「ボクは嫌いです」ってちゃんと言ってくださって。

山崎 ありましたね。ご縁があるんですね。

玉袋 すべてご縁ですよ。

ガンツ その山崎vs北尾戦があったからこそ、次の髙田vs北尾戦のときは「髙田、絶対に勝ってくれ！」みたいな感じで、武道館がパンパンに膨れ上がりましたよね。

山崎 それで髙田さんがローキックのフェイントからのハイキックで北尾を倒して爆発するわけじゃないですか。そうしたらあのあと、宮戸が「もう1回北尾戦をやってもらえませんか？」って言ってきたんですよ。「嫌だよ、バーカ。なに言ってんだよ。俺はもうやるべきことをやっただろう」って。

椎名 それは北尾をまた使うためにですか？

ガンツ KO負けした北尾を再生させて、髙田さんとの再戦につなげるか、ゲーリー・オブライトとのスーパーヘビー級対決とか考えていたんでしょうね。

玉袋 その北尾再生の役目をもう1回山崎さんにやらせようっていうんだから、「もうやっただろう」ってなりますよね。

椎名 いやあ、本当ですよ。その役目をまっとうされてますよね、山崎さんは。

山崎 そういう意味では、ボクは猪木さんと藤波さんに憧れて新日本プロレスに入ったけど、実際に入ってみてからは、この「俺が、俺が」の世界で自分が一歩引くことでみんなのために会社を成り立たせている坂口さんって凄いなって思うようになったんですよ。

玉袋 団体にそういう存在って必要不可欠ですよね。

山崎 新生UWFだって、たとえば前田さんが3人いてもダメじゃないですか？ 髙田さんが3人いても成り立たない。やっぱり前田さんがいて、髙田さんがいて、自分がいたからああなったんじゃないかと思うし。団体にはそれぞれ役割があって、ボクは自分の役割は果たせたかなって思います。

ガンツ　そうですね。新生UWFでもUインターでも、山崎さんが果たした役割は大きかったと思いますよ。

山崎　ボクはあんまりこういう話は言ったことがないですけど、「わかってくれる人がわかってくれればいいや」と思っていたんです。新日本だってみんながアントニオ猪木になろうとしたら、団体は成り立たないじゃないですか。やっぱり脇で支える坂口さんが必要なんです。それと同じように、ボクは前田さんや髙田さんが先頭を走るために自分がやるべきことをやる。そうすることで団体がうまくいって、みんなが食えるようになればいい。あとはわかってくれる人がわかってくれればそれでいいと思ってやってきたんで。

玉袋　俺たちも猪木、前田、髙田で熱狂してきたんだけど、この歳になると、坂口さん、藤波さん、山崎さんたちあってのあの熱狂だったんだなっていうのがわかりますよ。

椎名　Uインターでゲーリー・オブライトが最初に「すげえ！」ってなったのは、山崎さんをジャーマンでぶん投げてKOしたときからだもんね。「こんなジャーマン見たことねえ！」って。

山崎　実際、あのジャーマンは凄かったですよ。ボクもあれで鎖骨を折られましたから。

玉袋　そうやって山崎さんがオブライトの強さを観客に植えつけたうえで、エース髙田延彦が出て行ったわけだもんな。そりゃ、Uインターはおもしろいわけだよ。

ガンツ　田村（潔司）さんも、インタビューさせてもらったときに「Uインターで山崎さんとやった試合が自分のターニングポイントになった」って言ってました。武道館の髙田vs北尾のセミが山崎vs田村だったんですけど、「お互いに攻めて受けてのUWFの理想的な試合ができて先輩に勝てたのが自分の出世試合で、山崎さんが力を引き出してくれた」って。

玉袋　いい話だよ。

椎名　ご飯ぐらいごちそうするべきだよね。

玉袋　渋ちんだからな、あの赤いパンツは（笑）。

ガンツ　佐山イズムがないという（笑）。

山崎　自分と闘った選手がどう思っていたかを聞くのは初めてなんですけど、タムちゃんはそう思っていてくれたんですね。

ガンツ　田村さんは「山崎さんは自分のこと以上に団体のことを考えて行動してくれていた人で、Uインターを退団されたあとも新日本で重宝されたのは、その部分が現場監督の長州さんに評価されたんじゃないかと思う」とも言ってました。

玉袋　たしかにそうだよな～。新日本とUインターがギスギスしてたときも、長州さんは「でも山崎はいいヤツだ」って言ってたもんな。

椎名　宮戸、安生に対しては墓にクソぶっかけるけど（笑）。

玉袋　そういう山崎さんの話をいろいろ聞かせてもらって、今日は整体を受けたかのように、心と身体がほぐされましたよ。ありがとうございました！

山崎　こちらこそ、ありがとうございました。楽しかったです。

HENTAI INFORMATION

絶賛発売中
変態座談会の
単行本化最新刊！

『玉袋筋太郎の
闘魂伝承座談会』

白夜書房：2,200円（税込）

プロレス界のレジェンドたちが、闘魂の炎のもとに集結！アントニオ猪木のロングインタビューをはじめ「闘いのワンダーランド」を作り上げた9名のレジェンドが集結し、名エピソードと証言で語り継ぐ一冊！
[出演者] アントニオ猪木／藤波辰爾／藤原喜明／北沢幹之／新間寿／舟橋慶一／タイガー服部／永田裕志／村上和成

第142回

『ジ・アイアン・クロー』プロレスという呪い

椎名基樹

椎名基樹（しいな・もとき）1968年4月11日生まれ。放送作家。コラムニスト。

〝呪われた一家〟として、プロレスファンのあいだでは、いわば伝説となっている「エリック一家」を描いた映画『ジ・アイアン・クロー』（The Iron Claw）が、2023年12月22日に全米で公開された。

製作は、発足して10年足らずで、映像エンターテインメントの世界で確固たる地位を築いた感がある、インディペンデント系のA24。マーベル作品ばかりが目立つ印象のアメリカ映画界において、カウンターとしてこうした大人向けの地味な映画を製作する会社が台頭するのは、必然的であるのかもしれない。

私はこれまで10本余りA24の作品を観たが、どの作品にも陰鬱なトーンが通底していて、観ているうちにダーレン・アロノフスキー監督作品のことを思い出した。言うまでもなく、ミッキー・ローク主演のプロレス映画の名作『ザ・レスラー』の監督である。

今年、日本公開されて、日本においてはA24の最新作となる『ザ・ホエール』はダーレン・アロノフスキー作品であり、やはりアロノフスキー監督の作風はA24に合っているようだ。となるときっと、『ジ・アイアン・クロー』にもアロノフスキー的な視点やアプローチをきっとするはずで、同作品への期待が高まる。

なにせ呪われていると言われる、プロレス一家の悲劇の物語なのだから、『ザ・レスラー』のような悲哀に満ちた物語になるだろう。A24の新作は『ザ・レスラー』のように、プロレスファンにとってバイブル的な作品になるかもしれない。

「呪われている」と言われる、エリック一家の悲劇をざっとまとめてみる。エリック一家の父であり、スタープロレスラーであり、大プロモーターのフリッツ・フォン・エリックには6人の息子がいた。長男は幼少期に感電事故で死亡した。

フリッツは、旅の生活に見切りをつけて、テキサスに定着するようになる。するとフリッツはたちまち英雄になり、息子たちまで有名人になっていく。エリック一家はテキサスで、家族や国の象徴として、人々から崇められる存在になったという。

プロレスラーになったのはケビン、デビッド、ケリー、マイク、クリスの5人。その中で最も期待されたのは、長身で最もプロレスセンスがあったデビッドだった。若くしてNWA王者候補として、周囲からも将来を嘱望されていた。NWAのタイトルはエリック一家の悲願であった。

そのデビットは、1984年に全日本プロレスに参戦し、来日中に宿泊先のホテルで遺体で発見された。没年25歳。発見したのは、ブルーザー・ブロディだったという。

デビッドは日本から帰国後に、リック・フレアーのNWAタイトルに挑戦することが決まっていたという。デビッドの追悼興行は4万人を動員した。そこで代役のケリーがリック・フレアーに挑戦して、一族の悲願であるNWAタイトルを奪取した。しかし、そのタイトルも全日本プロレスのリングで、リック・フレアーに取り返されてしまう。ケリーの天下は18日間であった。

1986年、ケリーは、オートバイ事故で右脚に大怪我を負って、選手生活を長期離脱せざるを得なくなる。そこでマイクがメインに抜擢された。

そのマイクも、1987年に消息不明になったあと、遺体で発見される。23歳だった。警察は自殺と断定した。さらに1991年、クリスがピストル自殺で死亡する。没年21歳。マイクもクリスも、プロレスで期待に応えられないことで苦しんでいたという。

そして1993年、ケリーがピストル自殺を図り、33歳で亡くなる。ケリーはオートバイ事故で右脚を切断しており、義足で闘っていた。そのことは秘密にしていて、痛みに耐えるために、ケリーは薬物中毒になっていたという。

エリック一家は呪われているという。しかし、人間は誰もが、様々な呪いの中で生きている。その中でも「職業」は、もっとも強い呪いのひとつだと思う。一度身につけた生きる術を取り替えることは、非常に困難だ。

そして長くその職業に就いていれば、職業が、まるで人格の一部のように見なされるようになる。仕事の出来不出来が、まるで人間性の評価のように扱われる。

プロレスラーという職業は、その中でもさらに強い呪いの力を持っていると思う。一度、ヒーローとして世間の脚光を浴びてしまうと、落ちぶれてしまったとき、自分が世間の嘲笑の的になっていると被害妄想も膨らむだろう。マンガチックなキャラクターや名前で活躍したなら、普通の仕事に就いたとしても、好奇の目にさらされることになる。

また、スポットライトの下に立って、観客を湧かす快感が忘れられず、リングから離れることができないこともあると思う。しかし、つまりそれは身体を酷使し続けることを意味している。

エリック兄弟のように、プロレスラーになることを義務づけられるのは、まさに逃れられない呪いである。しかも、地域の理想的な家族とみなされる中なら、そのプレッシャーは非常に強大だったと想像できる。

プロレスが、人生の悲哀を描くのに格好の題材である理由は、プロレスの特殊性にあるようにも思える。単なるスポーツと比べて、プロレスは、より「生きる術」つまり「呪い」の色合いが強いと思う。人生はスポーツよりもプロレスに似ている。

映画『ジ・アイアン・クロー』の主役は、唯一の生き残りであるケビンだそうだ。役者が演ずるところのハーリー・レイスやブルーザー・ブロディ、リック・フレアーなども、登場するらしい。

KAMINODE
ISETAN CHECKMATES
PART.2

収録日：2023年11月7日　撮影：タイコウクニヨシ　構成：堀江ガンツ

考えても、考えても、
“アントニオ猪木”がわからない！
両者にとってはまさに
『猪木寛至をさがして』の様相を呈してまりました!!

古舘伊知郎

過激実況家

プチ鹿島

時事芸人

「ホーガン戦のとき、猪木さんは『死んでもいい』と
思っていた時期なんです。そしてあの瞬間に
リング上で“死んだ”んだと思うんです」
「自作自演か、本当に失神したのかという二元論で
語られがちですが、猪木さんの無意識の迷いが
あのロープを掴んだ右手にあったと！」

古舘伊知郎
喋り屋
いちろう

（前号掲載の「前編」からのつづき）

「猪木寛至自身も〝アントニオ猪木〟がわからなかったはず。骨の髄までアントニオ猪木になって死んでいった」（古舘）

古舘　俺は猪木さんが亡くなってから、いろんなところで猪木さんについてしゃべったりしているのは、すべて「猪木への供養」だと思っているという話を先ほどさせていただきましたけど。猪木さんが死んで1年以上が経っても、自分の中に猪木が生きているし、どんどん増幅しているんですよ。

鹿島　亡くなったからこそ、〝自分の中の猪木〟がどんどん大きくなっているという猪木信者は多いですよね。

古舘　だから鹿島さんの本（『教養としてのアントニオ猪木』）の中でも、最後に「ことあるごとに猪木を語ってきたけど猪木がまだわからない。わからないけどまた語っていくんだ」と書かれていましたけど、そこは俺も同じ考えなんです。わからないんですよ。

鹿島　まさに底なし沼っていう。

古舘　それは猪木さん自身、猪木寛至もわからないはずなんです。骨の髄まで「アントニオ猪木」になって死んでいった人なので。俺から見れば『猪木寛至をさがして』ですよ。

鹿島　「アントニオ猪木」ではない、素の「猪木寛至」はどこへ行ってしまったんだと。

古舘　だって、死の数日前まで無遠慮なカメラが弱りきった自分を映しているんですよ。ディレクターがズカズカ入ってきて、「どうも！　だいぶ痩せちゃってますね～。いま何キロですか？」なんて軽い感じで。YouTube観ました？

鹿島　観ました。あれはないですよね。

古舘　俺は亡くなる4日前にお見舞いに行っていて、それよりあとに撮ったものだから3日前ですよ。そんな死ぬ間際の人間がベッドに横たわって必死に闘っているところに、バラエティのディレクターがバラエティのノリでやってきて、いい迷惑ですよ。

鹿島　ボクもあれは観ていて不愉快でした。実際、SNSでも荒れてましたよね。

古舘　「猪木さん、なんかメッセージないっすかね？」なんて聞いて、なかなか声が出ないことすらわかっていないわけですよ。猪木さんも最初はあきらかに不機嫌で、「もう死ぬんだからいいんだよ」ってアゴをしゃくって言っていたのが、途中からだんだん「それじゃいけねえ」って思い直して、病床の猪木寛至からアントニオ猪木に戻っていくんです。そして〝見えない闘魂ガウン〟を羽織って、「まだね、私もやれることがありますからね」って、水プラズマを語り出し、一人称も「俺」から「私」になってオフィシャルの猪木になっていったんですよ。

鹿島 亡くなる間際であっても、カメラが回っているところでは「アントニオ猪木」になったわけですね。

古舘 それを観て、「なんで弱りきった猪木さんがそこまで努力しなきゃいけないんだ！」ってムカついたんだけど、一方でアントニオ猪木の変幻自在ぶりが観られたことを半分よろこんで観ている自分もいて。そういう意味ではいいディレクターなんですかね？ チクショー！（笑）。

鹿島 病床にあっても「アントニオ猪木」であろうとする姿を観ることができたという意味では、貴重な映像ではあるっていう。

古舘 ディレクターの無遠慮さからも燻り出される、猪木の万華鏡状態の魅力っていうことですよね。俺が鹿島さんの今回の本を読んで感心したのは、衰えた猪木の魅力もしっかりと書かれていたことですよ。80年代に入り、猪木の肉体は衰え始めたけれど、そこから猪木に色気が宿したことを1980年くらいから本格的に観始めた鹿島さんがちゃんと書いてくれたことにジーンと来たんです。というのも、最初にも言ったけれど、俺は60年代からの猪木を観ちゃっているわけで。

鹿島 アスリートとしての全盛期を目撃しているわけですよね。

古舘 1969年12月2日、大阪府立体育会館での猪木vsドリー・ファンク・ジュニアの60分フルタイム、あの天下一品の名勝負。俺はあれを〝闘う社交ダンス〟だと思っているんですよ。

鹿島 ワハハハハ！ リング上の早すぎた『シャル・ウィ・ダンス？』（笑）。

古舘 ど天才のふたりが共に20代後半ですからね。猪木が26歳、ドリーが27歳で最高の阿吽の呼吸。アドリブに次ぐアドリブであそこまで噛み合うことができるんだ、という。最後は〝闘うメビウスの輪〟。もうどっちが猪木でどっちがドリーかわからなくなるんです。

「80年代の猪木さんが体力的に落ちていったとき、しゃべり手としての古舘さんはどんどん上がっていき売れていった」（鹿島）

鹿島 それぐらい高いレベルで手が合ったわけですね。

古舘 そういう全盛期のアントニオ猪木を観てきて、俺は1977年から実況でしゃべりだしているわけです。で、鹿島さんは峠を越えた猪木の色気が増すときから観て、猪木の魔力に取り憑かれていくという。俺はそこにセンスを感じるんです。だって俺は全盛期の猪木を観たからこそここまでの

めりこんだけど、80年代の猪木から観始めたらそこまでファンになっていたかはわからない。

鹿島　でもボクも自分より若い世代のファンの人に対しては、古舘さんと同じような感覚があるんですよ。ボクは年代的に80年代のゴールデンタイムで放送されていた時代の猪木を観ることができたけど、ボクよりも若い30代、40代くらいのファンになると、猪木のベストマッチが1996年のビッグバン・ベイダー戦だったりするんです。

古舘　あの投げっぱなしジャーマンで頭から落とされたやつですね。

鹿島　そうです。たしかにあの試合も凄いんですけど、ボクは80年代の猪木を観ているから、「いや、それよりも凄い試合はいくらでもある」と言いたくなってしまう。でも、その世代にとってはベイダー戦こそが直撃なんだから、その意見は大切にしなきゃいけないなってことを学びましたね。その一方で、80年代の猪木さんが体力的に落ちていったときって、しゃべり手としての古舘さんはどんどん上がっていき、売れていく時代だったじゃないですか。それをボクはドキュメントで観られたのがたまらなかったです。

古舘　俺自身は、あの当時の自分の実況を客観的に振り返る機会ってこれまであまりなかったんだけど、鹿島さんの本を読むことで「俺、あのとき何を考えていたんだろう？」とか考えるきっかけになりましたよ。そのとき、ひとつ思い浮かんだのが、22歳でテレ朝のアナウンサーになって、舟橋慶一さんに付いてプロレスの実況をやりだすわけですけど、「いつから俺は〝過激な実況〟と呼ばれるようなスタイルに変わっていったんだろう？」って考えたんです。

鹿島　古舘さんも最初はオーソドックスな実況をやられていたんですね。

古舘　俺なんか60年代の日本プロレスから観ていたから、たとえば日本テレビの清水一郎さんは正統な系譜で「（ゆったりとした口調で）力道、御大、自らロープに飛んだ」ってこういうしゃべり方なんですよ。一方で途中から後追いで始まったNET（のちのテレ朝）の日本プロレス中継っていうのは、当然、日テレへの対抗心はあるんだけど、しゃべり自体は同じようにやらなきゃいけないみたいなのがあったんです。そうすると俺もオーソドックスな実況をやらなきゃいけないと思って何年間かやっていたんだけど、それがいつの間に〝過激な実況〟にすり替わったのか、自分でもよくわかっていなかった。それが鹿島さんの本を読んでいて、パッと思い出したんですよ。

鹿島　えっ、そうなんですか！

古舘　「ああ、俺は村松友視さんの『私、プロレスの味方です』を読んで、しゃべりが変わったんだ」って。べつに鹿島さんの本で『私、プロレスの味方です』について特に書かれているわけじゃないんだけど、流れの中で思い出したんですよね。

鹿島　古舘さんが〝化けた〟瞬間を思い出していただけたなんて、光栄ですよ！

古舘　70年代末にビートたけしさんがバーッて世に出てきたとき、「俺と同じ感性だ」「俺が思っていたことを言ってくれてる」なんて、勘違いして言ってるヤツがたくさんいたじゃないですか（笑）。

鹿島　後づけなのに、なぜか自己投影して（笑）。

古舘　それと凄く似ていて、俺も村松さんみたいな感性でもないくせに「うわー、俺と同じ見方をしてる。それを言語化してくれてる。じゃあ、俺もそんなふうにしゃべってもいいわけ？」って思っちゃったんです。しかも、あの本が出て猪木さんがめっちゃよろこんでいたんですよ。

鹿島　そうらしいですね。

古舘　それで本を大量に買って、ほかのレスラーにも「おまえら、これを読んでおけ」って猪木さんが配ってるんですよ。だけど新日のレスラーたちの反応はイマイチだったって、これは村松さん本人から聞きました。猪木さんだけが、自分でも言語化できない摩訶不思議な猪木プロレスの世界を村松友視という人が言語化してくれたことによろこんだんです。それからあの本と猪木プロレスというのはシンクロしていくわけですよ。

「鹿島さんの本にはプロレス少年だったときのピュアさが感じられて、薄汚れた側からするとうれしかったんだと思う」（古舘）

鹿島　猪木プロレスと村松流のプロレス論、そして古舘さんの実況が渾然一体となっていくわけですね。

古舘　まさに俺は水を得た魚のようになり、村松さん流のアングルをつけることで俺はああいうしゃべりになったんですね。それに気づかせてくれたのが鹿島さんのこの本だから。これを読むことで、自分の出自があきらかになったと。

鹿島　ボクの本で自己分析をされていたとは（笑）。

古舘　これに関しては予兆があって、いまから2週間くらい前に糸井重里さんとひさしぶりに会って、俺のＹｏｕＴｕｂｅチャンネルに出てもらったんですよ。

鹿島　出演されていましたね。

古舘　あの人もプロレスが好きで、俺は局アナ時代から接点があったんでいろんな話をしているとき、猪木さんの話や『私、プロレスの味方です』の話になって。あの本はもともと糸井さんが書く予定だったらしいんですよ。

鹿島　えっ、そうなんですか？
古舘　はい。本人から聞きました。まずプロレスが好きだった糸井さんが出版社から「糸井流の猪木プロレスの見方の本を出さないか？」って言われたらしいんですけど、糸井さんは「いや、俺が書いてもいいけど、もっとマニアックで、もっと猪木プロレスを言語化できる人がいる。それは『中央公論』の社員なんだけど」って話を振って。そうやって糸井さんが仲良かった村松さんに話を持っていったことで、あの本が生まれたと。
鹿島　藤原喜明が突然世に出たような感じですよね。知る人ぞ知る実力者が出てきたぞっていう（笑）。
古舘　そういう人の縁みたいなものまで思い出させてくれたんで、余計にこの本にグッと惹きつけられたんです。
鹿島　本当にありがとうございます。ボクは古舘さんの実況を毎週聴いて育ちましたから、こんなにうれしいことはないですよ。
古舘　でも、俺はそのとき「お仕事」をしているわけで、どこか打算的な計算やウケ狙いもあってしゃべっているわけじゃないですか。「売れたい！」っていう意欲満々でしゃべっていたわけですけど、その当時の鹿島さんは子どもだったこともあって、テレビにかじりつくように猪木プロレスを観ていたわけでしょ。そのピュアさを本から感じたことも、たぶん薄汚れた側からするとうれしかったんだと思う。
鹿島　いや〜、でも暴動が起こった猪木vsマサ斎藤の大阪城ホールが古舘さんのレギュラー実況の最終回だったじゃないですか。あのときは本当に腹が立って、腹が立って、「なんで古舘さんの最後がこんな試合なんだ！」ってずっと思っていましたよ（笑）。
古舘　本にもそう書いてくれていましたね。
鹿島　でも、その怒ったり呆れたりしたことも、また大人になると語れるんですよね。単なるいい試合だと忘れちゃうのに、あの暴動は35年以上経ったいまでもまだ語れるんですよ。
古舘　鹿島さんは、あの大阪城を含めて「短期間で3回暴動が起きている」ってことを書いていたじゃないですか。俺はそのうち2回を経験して、さらに子どもの頃、東京プロレスの暴動にも遭遇してるってことに気づかされたんですよ。
鹿島　たけしプロレス軍団の暴動のときはもういなかったけど、そのかわり、少年時代からすでに暴動を経験していたっていう（笑）。
古舘　でも俺自身は短期間に3回暴動が起きたとか具体的なことは忘れていて、当時の新日本がいかに混乱していたかを本でちゃんと指摘している鹿島さんに、ちょっと嫉妬も入ったんですよ。
鹿島　いやいやいや、なんで古舘さんに嫉妬されなくちゃいけないんですか（笑）。

古舘　でも、そういうお門違いの嫉妬を猪木さんもよくしていたし、お門違いの嫉妬は〝胸騒ぎへの固執〟なんです。その変な熱が渦巻いていたことも思い出させてくれて、読んでいてうれしかったですね。

鹿島　お門違いの嫉妬ついでに言わせていただくと、ボクは自分のおしゃべりが上達するためのお守りとして、お財布の中に古舘さんの『トーキングブルース』のチケットの半券を入れてるんですよ。そこまで言うと「じゃあ、全部の回を観てるんだな？」って思われるかもしれないですけど、全部観ることで打ちのめされるのが嫌で、たまに観させていただいている感じなんです。

古舘　それはありがたいですよ。

鹿島　でも、これもお門違いの嫉妬じゃないですか。「いや、全部観ろよ」っていう話だと思うんで（笑）。

古舘　「お門違いの嫉妬」という言葉を変換すると、〝向上心〟とか〝好奇心〟が含まれる気がするんですよ。だから鹿島さんがトーキングブルースを「毎回観るとトゥーマッチになる」っていう感覚は、俺が映画『アントニオ猪木をさがして』をあえて観ないとか、この本で鹿島さんが「3回の暴動」というデータ分析をしていることに対してお門違いの嫉妬をするっていうのは全部似ていますね。

鹿島　そう思っていただけたら光栄です（笑）。

「猪木さんって、考えても考えてもわからないんですよ。巌流島の決闘とかも『あれはなんだったんだろう？』っていまだに思う」（鹿島）

古舘　俺と猪木さんと村松さんは一時期、よく3人で一緒に飲んでいた時期があったんですよ。それで猪木さんもお門違いの嫉妬をよくする人なんだけど、そこでの会話の中で、これまで5回くらい「俺は村松さんが直木賞を獲ったときも、古舘さんがプロレスの実況を辞めていろんなジャンルに行ったときも、村松さんと古舘さんに対しては不思議と嫉妬しないんですよね」って言われたんです。

鹿島　村松さんと古舘さんが世間に評価されたことに対しては、猪木さんも素直によろこんでくれたわけですね。

古舘　でも「ということは猪木さん。それ以外はお門違い、畑違いのジャンルの人に対しても嫉妬していたんですか？」って聞いたら、「もちろんですよ。やっぱり嫉妬しないと人間っていうのはいろんなエネルギーが湧かないじゃないですか」って言ったあとに、ミディアムサイズの猪木を出しちゃったから大きい猪木を出さなきゃいけないってことでカーッと笑うんですよ。さっき言ったことは忘れろとばかり

にカーッと笑って。猪木さん自身が「嫉妬する」って告白したのに、俺の肩を叩いて、「ちっちゃい、ちっちゃい、古舘さん！」って言うんです。

鹿島　自分で言ったのに、古舘さんが小さいことにこだわっているかのように（笑）。

古舘　だから猪木さんは、自分が猪木寛至なのかアントニオ猪木なのかわからなくなる瞬間があるんでしょうね。そういう意味では、あの人は心神を喪失していたんじゃないかって。

鹿島　なるほど。そうかもしれないですね。

古舘　一種の心神喪失みたいなところがあるから、モハメド・アリ戦なんかに踏み出すこともできるし、ありえないくらいの借金もできる。そして、人はそんな猪木がわからないから惹きつけられる。そんなことも鹿島さんの本を読んで思い出したんです。

鹿島　猪木さんって、考えても考えてもわからないんですよ。だから巌流島の決闘とかも「あれはなんだったんだろう？」っていまだに思うんですけど。今回、この本を書くにあたって、猪木さんに関する本をいろいろ読むなかで「猪木さんはリング上だけが唯一自由だったんじゃないか？」って思ったんです。たとえば博打狂いの人が普段の生活では借金やらなんやらで追い込まれているけど、結局、博打をやっている時間だけは精神的に自由だという話もどこかで聞いたので。だから昔から「あっ、猪木が今日はプロレスをやってくれている」って思う瞬間が子ども心にあったんですよ。でも、それって変な感情じゃないですか。プロレスラーだからプロレスをやっているのが当たり前なのに。

古舘　凄くよくわかります。猪木さんは規格外の頭をしている人なので、スケールが大きすぎて常にはみ出しちゃうんですよ。それがリングという6メートル40センチ四方の箱庭にいてくれることがちょっと不思議なんですよね。

鹿島　不思議だし、うれしいんです。

古舘　あと猪木さんは、博打打ちであると同時に山師でもあったと思うんですよ。「おじいさんは山師だった」って猪木さんは言っていましたからね。だからいいときは石炭商で当たったり、ダメだったら移民として家族でブラジルに渡ったり。「そういう血を俺も引いている」って言ってましたよ。

鹿島　それは自伝でも書かれていましたね。

古舘　だから山師がロマンを求めて闘う旅人になったのがアントニオ猪木で、死ぬまで血が騒ぎ続けていた人なんだろうなって思いますね。

鹿島　古舘さん自身、12年間やられた『報道ステーション』では、「報道番組」というがんじがらめのルールの中で闘ってきて。あれをやったからこそいまは自由闊達でやられていますけど、プロレスの実況をされていた頃は「実況席にいるときだけが自由だ」みたいな感覚はあったんじゃないですか？

古舘　いま振り返れば、まさにそうだったと思います。『ワールドプロレスリング』の実況をやっていた頃は、心に闘魂ガウンを羽織らせてもらってやっていたわけだから。ただ、そのガウンは「リース」だったと思うんですよね。それで10年やってお返しして、猪木から離れ、プロレス実況から離れ、しかも会社を辞めてフリーになったんだから、丸腰の古舘伊知郎になったわけですよ。不安だらけでしたけど、その不安をエネルギーに変えて進んでいくこともまた猪木イズムだと思ってね。

鹿島　なるほど。

古舘　猪木さんだって、モハメド・アリとやるときやウィリエム・ルスカとやるときは内心ビビっていたわけですから。何か雑談のとき、「啖呵を切っちゃったもんだからね」って、猪木さん自身が笑いながら言っていましたからね。「俺だって怖いよ。世界中に強いヤツがいっぱいいるのは知ってるんだから。でも口に出してしまったからには奮い立たせるしかない。奮い立たせるしかない。奮い立て！　古舘！」って、また全然おもしろくないダジャレを言ってカーッと笑ってね（笑）。

鹿島　いつもの笑顔ですね（笑）。

古舘　そういう本音みたいなことを冗談めかして言ってくれたことに、こっちはジーンと来たりして。だから猪木さんだって怖かったのに不安をエネルギーにして、あれだけ世界を大見得を切ってアリ戦までやってくれた。それを考えれば、俺は猪木の闘魂のかけらをもらった人間として挑戦し続けようと。だから猪木さんが「アントニオ猪木」のまま死んでいったように、俺はしゃべり屋としてライフワークにしている『トーキングブルース』をやりながら死んでいくって決めてるんです。しゃべり死にしてやろうと。そうすれば絶対に伝説になると思うんですよ。

「半失神の世界において異なる猪木と猪木があの瞬間に闘っていた。ホーガン戦を失神していたか否かだけで語るなと」（古舘）

鹿島　よく「舞台上で死ねたら本望」ってたとえでは言いますけど、なかなかいないですもんね。

古舘　俺はセコいんで、それができなかったときの〝自賠責保険〟として、来年から1年に1回、自分の葬式で荼毘に付されるまでの実況を録音しておこうと思っているんです。葬儀屋さんのしゃべりっていうのは独特の抑揚があって暗すぎるので、自分のプロレス実況調で入れておいて、それを死んだときに流そうと。惜しむらくは『トーキングブルース』でしゃべりながら本当にヤラセじゃなく死んでいくっていうことができたら、猪木イズムをまっとうできるかなって。

鹿島　それこそが古舘さんの中での究極の闘魂伝承だと。

古舘　実際、猪木さんはアントン・ハイセルで莫大な借金を抱えて追い詰められていたとき、「古舘さん、俺が死ねば生命保険が入るじゃないですか。俺ね、それをやろうかなと思ってるんですよ」って、冗談めかして言っていたことがあるんですよ。そうしたらその後、本当に6・2「衝撃の蔵前」がありましたからね。

鹿島　あの第1回IWGP決勝の「舌出し失神事件」を予告していたんじゃないかと。

古舘　俺はそこでゾワゾワしたんですよ。猪木さんはあのとき、「死んでもいい」と思っていた時期であり、結果生きちゃったんだけど、あの瞬間にリング上で「死んだ」んだと思いますよ。じゃなきゃ、全盛期のアックスボンバーをまともに食らわないですよ。

鹿島　どうしてもファンがあの試合を語ると、舌を出す、出さないとか、そこだけにこだわってしまいますけど。いまの話を聞くと、猪木さん自身の中で本当に「死んだ」んじゃないかと。

古舘　そう思いますね。俺もあのときは実況していてビックリしたけれど、映像を観返してみると、エプロンでアックスボンバーを食らうとき、猪木さんは右手でトップロープを握っていたんですよ。それがアックスボンバーを食らう瞬間に手が離れて、リング下に打ちつけられて動かなくなったわけですけど。もしあれがロープをグッと掴んだままだったら、ショックアブソーバーがないからまともにダメージを受けて、本当に死んでいたか、大ケガをしていたんじゃないかと思うんです。

鹿島　あー、なるほど。

古舘　猪木さんはアックスボンバーを食らったその刹那、まだグリップが甘い状態で一拍あってからリング下に倒れましたからね。手のグリップが多少残っているんですよ。ただ、そのときはもう掴み方がゆるいんです。これは俺の勝手な解釈ですけど、あのゆるいグリップでアックスボンバーを受けたということは、「本当に死んでもいい」という覚悟と「生きる」という本能が相半ばした、半信半疑が猪木の中にあったからですよ。

鹿島　うわー、凄い！　もう、そこだけで検証の映画とかできますね。

古舘　それこそが本当に「アントニオ猪木をさがす」ことになりますよ。

鹿島　もしグッと掴んでいたら、「もう俺は死んでもいい」

みたいな。

古舘　それで完全に手を離していたら、ケガはするけどあの人は猫のような天才的な受け身がとれるので、比較的ダメージは少ないですよね。だから俺はあのホーガン戦の分水嶺で、猪木は半分死ぬ気で、半分は本能で生きようとしていたんじゃないかなって。そこに鹿島さんが言う、アントニオ猪木自身が自分への「半信半疑の世界」があったような気がするんですよ。

鹿島　うわっ、これは凄いことだなあ。

古舘　だから、いまの単純な善か悪かっていう二元論、二者択一で語られがちな時代に俺があえてもう一度言いたいのは、あれを失神していたか否かだけで語るんじゃねえと。半失神の世界において、異なる猪木と猪木があの瞬間、闘っていたんだと。

鹿島　アックスボンバーを食らう瞬間のロープの掴み具合という話は、いま聞いていてハッとしました。あの試合はどうしても自作自演か、本当に失神したのかという二元論で語られがちですけど、それを超えて猪木自身の無意識の迷いがあのロープを掴んだ右手にあったという視点は、これまでありませんでしたから。

古舘　でも、その発想を俺は鹿島さんから教わりましたよ。当時はまだ「格闘芸術」という言葉や「エンタメ」というコンビニエントな言葉もまだなかった。八百長か真剣勝負か、それだけだったんですよ。

鹿島　そうですね。

古舘　本来、プロレスはそのどちらにも完全には属さない、他に比類なきジャンルなのに、真剣勝負、セメントでないものは「ショー」だとされる。それは昔からそうだったし、いまは特にその傾向が強いじゃないですか。

鹿島　ボクは自戒を込めて言うんですけど、「エンタメ」っていう便利な言葉ができたことによって、「ショー」とか「八百長」とかっていう言葉を強引に封印することができるようになったじゃないですか。でも、果たしてそれでいいのかなって。昔は「ショーだ」「八百長だ」っていう世間からの声に対して、言葉を武器にして議論防衛で闘っていたよなって。いまは「エンタメだから」って言うだけで、ふわっとまとめられるじゃないですか。

古舘　そうなんですよ。だから「エンタメ」という言葉はとても便利で合理的で、けっこうなことでございますねと。揶揄するような声とまともに闘わなくて済んで、たしかにコスパは取れてるんですけど、80年代まではそういう言葉がなかったから、猪木さんや俺も含めて、プロレス界全体が四苦八苦していましたよ。

鹿島　でも、そうすることで自分自身がプロレスを深く考えるきっかけになりましたよね。世間と闘うために。

「やっぱり考えれば考えるほどわからない。それこそがアントニオ猪木の魅力であり、ずっと語れておもしろいんです」（鹿島）

古舘　だから、いまが悪くて昔がよかったということではないんだけど、プロレスという非常に摩訶不思議な、けっして二元論では語れない魅力に取り憑かれた者同士の仲間意識があの頃は強かったし、今日、鹿島さんと対談してそれを再確認できたことがうれしいんですよ。

鹿島　いやー、ボクは古舘さんを観て、影響を受けて育ちましたから、本当にたまらないですよ。

古舘　でも猪木さんが亡くなってから、いろんな人と話したり、鹿島さんの本を読んだりしてあらためて感じましたけど、アントニオ猪木っていうのはおもしろい存在ですよ。

鹿島　おもしろいですよね。考えれば考えるほどわからない。

古舘　自分で自分のことがわからないくらいの人でしたからね（笑）。

鹿島　だからボクが本のタイトルに「教養としての」とあえて付けたのは、「これ1冊でわかるわけがないだろ」っていう昨今の教養本ブームへのささやかな抵抗、アンチコスパという意味で付けたんです。この本を1冊読んだくらいじゃ猪木がわかるわけがないんだけど、わからないからこそずっと語れておもしろいということを伝えたかったんです。

古舘　本当にそうですよね。俺は猪木さんが寝たきりになってから、村松さんや原悦生とお見舞いに行ったとき、猪木さん自身は本当のところどう考えていたのか、いろいろ聞いてみたことがあるんですよ。たとえばアリ戦。あのプロレス技は全面禁止のがんじがらめのルールっていうのは、俺は猪木さん自身が最終的に決めたと思っているんです。アリに勝つわけにいかない、でもプロレスが弱いなんて思わせちゃ絶対にダメで、観客も納得させなきゃいけない。その中であのルールを切り出せるのは猪木さんだけじゃないですか？と。それを順序立てて語って、「ねえ、そうでしょ？　猪木さん！」って聞いたら、「俺はフグが食いたいんだけど、食えないんだよ」ってガン無視されました。

鹿島　はあー（笑）。

古舘　こっちは乾坤一擲の大勝負。俺は猪木さんが死んでから、猪木の伝道師をやるかもしれないという欲っけ丸出しで、猪木から真実を聞き出してやろうとしていたのに。猪木がキリストだとしたら、俺はペテロかパウロですよ。

鹿島　まさに個人の悪徳を公共の利益にしようとした（笑）。

古舘　それで前のめりになって聞いたら、「フグがねぇ」で終わりですよ。
鹿島　やっぱりお釈迦さまは凄いですね（笑）。
古舘　完全にかわしてくれましたね。こうして何も語らずにあの世へ旅立ったわけだから、アントニオ猪木は永遠の謎であり、鹿島さんが書いていたとおり、猪木がわからないからこそ、これからも語っていくんだと思います。
鹿島　そうですね。それこそがアントニオ猪木の魅力じゃないかとも思いますからね。
古舘　だから鹿島さんとは同じような感覚を持っているんだなと感じてうれしいですよ。なんだか他人とは思えない。
鹿島　いやいや、古舘さんに育てていただきましたから！
古舘　育てた感覚はないですよ。
鹿島　古舘さんの実況で勝手に育ちました（笑）。
古舘　本当ですか？　ありがたいことです。
鹿島　古舘さんとアントニオ猪木を語ることができて、こんなにうれしいことはないです。今日は本当にありがとうございました！

古舘伊知郎（ふるたち・いちろう）
1954年12月7日生まれ、東京都北区出身。フリーアナウンサー。古舘プロジェクト所属。
立教大学を卒業後、1977年にテレビ朝日にアナウンサーとして入社。同年7月に新日本プロレスの実況中継番組『ワールドプロレスリング』担当に配属され、8月19日放送の越谷市体育館での長州力VSエル・ゴリアス戦で実況デビューを果たす。以降は「過激実況」「古舘節」と形容されたハイテンポな語り口と独特な言い回しで絶大な人気を誇り、アントニオ猪木および新日本プロレスの黄金期を支える。1984年6月にテレビ朝日を退社してフリーアナウンサーに転身。1987年3月に『ワールドプロレスリング』の実況を勇退する。1989年からフジテレビのF1放送や競輪における特別競輪（GI）決勝戦の実況中継などで人気を博し、『夜のヒットスタジオDELUXE』や『NHK紅白歌合戦』の司会を3年連続で務めるなど司会者としても異彩を放ち、NHKと民放キー局5社ですべてレギュラー番組を持つこととなる。2004年4月より『報道ステーション』のメインキャスターを12年間務め、現在も自由なしゃべり手として活躍し続けている。

プチ鹿島（ぷち・かしま）
1970年5月23日生まれ、長野県千曲市出身。お笑い芸人。コラムニスト。映画監督。
大阪芸術大学芸術学部放送学科を卒業後に上京し、いくつかのお笑いグループでの活動を経て、2003年にバカ野坂と『俺のバカ』を結成。2007年9月に野坂が脱退したことに伴いピン芸人として活動を開始する。時事ネタを得意としており、“時事芸人”を自称し、新聞14紙を読み比べ、スポーツ、文化、政治と幅広いジャンルからニュースを読み解くことを得意としている。2019年に「ニュース時事能力検定」1級に合格。2021年より「朝日新聞デジタル」コメントプラスのコメンテーターを務める。2023年2月18日、ダースレイダーとともに監督・主演したドキュメンタリー映画『劇場版 センキョナンデス』が公開される。レギュラー番組は『東京ポッド許可局』『プチ鹿島の火曜キックス』『プチ鹿島のラジオ19××』『鈴木哲夫の永田町ショータイム』など。著書に『ヤラセと情熱 水曜スペシャル「川口浩探検隊」の真実』（双葉社）『芸人式新聞の読み方』（幻冬舎）『教養としてのアントニオ猪木』（双葉社）などがある。

兵庫慎司のプロレスとまったく関係なくはない話

第103回 「やあやあ」で止まらなかったらどうしよう

兵庫慎司

兵庫慎司(ひょうご・しんじ)1968年生まれ、広島出身で東京在住、音楽などのライター。この「間にひとりはさめば知り合い」理論でいくと、いちばん大物って誰だろう。と考えた結果、井上陽水になりました。間にはさまるひとりは奥田民生。それも大物か。でも、仕事で知り合うより前、私は16歳、彼は19歳の時に、地元のバンド仲間の先輩後輩として出会っています。

今年2023年はデビュー20周年、ということでいろいろ活動しているサンボマスターが、その中のひとつとして、11月19日(日)に横浜アリーナでライブを行った。彼らにとって過去最大規模のワンマンである。チケットは完売、U-NEXTで生中継も行われた。僕は、イープラスのウェブサイトSPICEにライブレポを書く仕事で足を運んだ。仕事がなくても行ったけど。

その終演後のこと。僕を含む招待の関係者たちは、ロビーの隅のパーテーションの裏に集められ、ご本人たちへの挨拶タイムを待っていたのだが。その関係者たちの中に、空気階段のふたりがいたのだ。

やあやあ(甲本ヒロトが知り合いに出くわした時の第一声)、この間は『大踊り場』(番組イベント)お疲れ様でした。もぐらさん、減量成功、正直、びっくりしましたよ。あの短期間で20キロはさすがに無理だろう、と思ってたから。かたまりさん、ピンネタライブ、楽しみにしてますね。チケット取れる気しないから、配信もやってほしいなあ、絶対イヤだろうけど——。

などと言おうと思いながら、人混みをかき分けて近づいて行き、「やあやあ」の「や」まで発声したところで、気がついた。

俺、面識ねえ。

ゾッとした。自分にである。ヤバすぎるだろ、俺のこの脳の状態は。テレビに出ている人は友達だと思っていて、普通に話しかけるばあさんと同じじゃん。いや、同じじゃない。もっとタチが悪い。

なんでそんなふうに勘違いしてしまったのか、思い当たる理由はふたつある。ひとつめは「ラジオ病」である。僕はTBSラジオの『空気階段の踊り場』を聴くようになったのがきっかけで、彼らのコントライブの配信を観たり、本を買ったりするようになった、つまりラジオが入り口でファンになった奴である。で、彼らの日々の出来事や考えていることなどを、毎週聴いているうちに、俺はふたりのことをよく知っている=面識がある、と、脳が勘違いしてしまったのだ、おそらく。勘違いというか、そういう気持ちになれるところがラジオの魅力のひとつでもあるが、今の自分みたいな容態までくると、さすがにどうかと思う。

前にもこれと近いことがあった。2017

年の『キングオブコント』で、にゃんこスターが準優勝した時だ。このコンビのことをまったく知らずにテレビを観ていた僕は、めちゃくちゃ驚いた。アンゴラ村長じゃん！『伊集院光のてれび』のオーディションに受かって出演した大学生芸人で、お笑いコンビ「暇アフタヌーン」の片方で、スタッフが「あなた今回は出番なくなりました」という連絡をするのを忘れて現場に来てしまい、そのまま出ることになった回があった（というエピソードが『伊集院光 深夜の馬鹿力』で語られた）、あのアンゴラ村長じゃん！番組の出演者紹介映像を撮るために行われたコントライブで、「他に何もできないから」という理由で縄跳びをさせられていたけど、新しいコンビで、その縄跳びを生かしたネタで準優勝とは！優勝者を食うくらいおもしろかったし！すげえ！今度会ったら誉めまくらなきゃ！

　と、興奮しながらここまで思った時点で、気がついたのだった。会うって何？会わねえよ。面識ないんだから。これも、毎週『深夜の馬鹿力』を聴き、そこで知った伊集院光の出演番組や著書やブルーレイ等を追っているうちに、「伊集院の知り合い＝自分の知り合い」という勘違いが、脳に刷り込まれてしまっていたがゆえである。

　それから、もうひとつの理由。子供の頃も、熱心にラジオを聴いていたが、ここまでひどくはなかった。なのになぜ、今はこんなありさまなのか。加齢による脳の劣化もあるだろうが、子供の頃と現在との、己の環境の違いもあると思う。僕が今、東京に住んでいて、こういう業界でこういう仕事をしているがゆえに、そのような有名人が「間にひとりはさめば知り合い」であるケースが、意外と多いのだ。

　たとえば。僕は、長州力と面識があるわけないが、本誌井上編集長（長州的には山本編集長）とは知り合いだ。つまり、間に井上編集長をはさめば、僕と長州は知り合い、ということになる。この理屈でいくと、大竹しのぶも生田絵梨花も多部未華子も、間に松尾スズキをはさめば知り合いだ。ただ、もちろん、相手がその方々や長州だったら、そんな勘違いはしないが、普段からラジオを聴いたり著書を読んだりして、その人のことをよく知っていると、間にはさまっているひとりを飛ばして、直接の知り合いみたいに思い込んでしまうのではないか。

　そして。空気階段はこの最たるケースで、僕との間に「はさまるひとり」が多いのである。甲本ヒロト。峯田和伸。サンボマスターの3人。作家の爪切男。空気階段を映画『クレヨンしんちゃん』最新作の声優に起用した大根仁監督。と、パッと思いつくだけで7人もいる。どうでしょう。それは勘違いしてもしょうがないでしょう。しょうがなくねえよ、全然。

　55歳というのは、おっさんを超えてジジイなのだなあ、と実感することはよくあるが、その最たるものかもしれない、今回のこの件は。とにかく、声をかけなくてよかった。が、次に誰かとこんなことがあったら、「や」では止まらなくて「やあやあ」まで言っちゃうかもしれない。そしてさらにその次は、「やあやあ」まで言いきっても気がつかず、話を始めてしまうかもしれない。と、考えると、とても怖くなるのだった。

　治すのは無理としても、せめてこれ以上悪化しないように抑える治療法、ないでしょうか。「ラジオを聴くのをやめる」以外で。

おもしろい人はなぜおもしろいのかを
調査する好評連載・第36回

番外編

収録日：2023年12月7日　撮影：工藤悠平　聞き手：大井洋一　構成：井上崇宏

“プロレス”という言葉の使い方をめぐる問題で緊急集会！
「プロレス芸」発言で炎上してしまった参議院議員を直撃!!
（すでに解決済み）

塩村あやか

立憲民主党・参議院議員

「『なんかちょっと、よくしたいじゃん日本』
っていう仕事はできていると思っていますから
凄くやりがいがあります。いまは仕事が第一。
恋愛とかで自分の仕事が疎かになることは
あってはいけないんです」

“令和のプロレス芸事件”とは？

塩村議員がX（旧ツイッター）上で自身を批判してきたツイートに対し、「酷いデマ。逆にどういう認知や流れでこんなデマやデマともいえない不思議な話を信じてツイートするようになるのか知りたい。いつものことではありますが。最早、アンチのプロレス芸」と投稿。この中での“プロレス芸”という言葉に一部のプロレス関係者やファンが猛反発。新日本プロレスとスターダムにいたっては立憲民主党宛に投稿の訂正もしくは撤回を求める意見書を送付し、塩村議員はこの発言について謝罪・撤回した（※実際は意見書が届く前）。あらためて“プロレス”に関わる言葉の扱い方について考える機会となった。

2008年。深夜に15分間放送されていた『恋愛新党』という番組があった。

当時、若手俳優であった堺雅人さんが党首を務める恋愛新党。

その党首演説という設定で、1ショットで国民に向け（カメラに向け）15分間、ただひたすら恋愛についての演説をするという番組だった。

「○△が恋愛をダメにする」というパッケージでいろんな情報を交えつつ、なぜそれが恋愛をダメにするのか？　ロジカルに堺雅人さんが熱弁していくのですが、この台本を作るのがめちゃくちゃ大変で連日徹夜だった。

さらに堺さんの台本チェックもあり、堺さんが我々作家陣よりも博識だったためにこちらが組み立てたロジックが破綻していることを指摘されまくり、完成させるのがとても大変だったのを憶えている。

この番組の立ち上げのときに『恋のから騒ぎ』あがりの作家が入るということで、塩村さんが来たんですが、いま思えばめちゃくちゃ敵対視していたし、冷たくしていたなと思う。

そんなことを今回謝ろうと思ったんだけど、そもそも俺のことそんなに憶えてなかったです！（大井）

「ネット右翼との本気のやり合いが、エンターテインメントとして成り立っているというニュアンスだったんです」

——塩村先生、ご無沙汰しております（笑）。

塩村　前職（放送作家）の先輩の大井さんから「先生」って呼ばれるなんて（笑）。本当におひさしぶりですね。今日はよろしくお願いいたします。

——毎月、『KAMINOGE』でボクが芸人さんをインタビューするコーナーがあって、今回は塩村さんにお話を聞くのがいいんじゃないかと思ってご連絡をさせてもらったんですよ。

塩村　あっ、私は芸人さん枠ということになるんですね（笑）。

——このたび、〝芸〟と名のつくことで話題になったということもあり（笑）。

塩村　いえいえ、そのことについては本当にすみませんっていう感じで……。

——ちょっと修羅場でしたね。

塩村　いろいろと大変でした。

——塩村さんが〝プロレス芸〟という言葉を使ったツイートをしたことで炎上して、謝罪をしていましたけど、正直、最初は面食らったんじゃないですか？

塩村　そうですね。私としては作家のときも、「ここはプロレスでやらせておこう」とか「彼はプロレス芸が上手だからここに入れておこう」っていう言い方を普通にしてしまっていたので。

――ここはお約束でとか、こういう成り行きでやりましょうっていうところの表現で「プロレス」っていう言葉を使うことはテレビ会議の中ではまあまあ通例としてありましたからね。ただ、それを表立って言うと、「プロレスという言葉を八百長とか出来レースと同義で使ってんの？」と受け取られることがあるんですよ。

塩村　そのことは知らなかったんです。

――当然、テレビ業界の人間もプロレスを蔑んだ意味で使っているわけじゃないんだけど、今回はプロレスファンの人たちと、おそらくネット界隈の塩村さんを叩きたい人たちに響いた感じですよね。

塩村　結局、たしかにその言葉の使い方としては間違っていたんだろうなと理解したんですけど、あのときの使い方としては、ネット右翼と言われている、女性の私たちを攻撃してくるアンチの人たちといつもX（旧ツイッター）でボコボコにやり合っていて、私は常に本気でやり合っているんですね。ただ、そのアンチの人たちがデマの情報を拡散して、それに私が対抗するということがお決まりのパターンになっていて、SNSという誰でも見ることができるところでそれはもはやエンターテインメントとして成り立っているっていうニュアンスを言いたかったんですよ。

――〝観客〟の視線があるなかで繰り広げていることだから。

塩村　だけど、そんな私のニュアンスが伝わるわけもなく、デマを撒き散らすネット右翼とやり合っていることを私が〝プロレス芸〟とたとえたことに、不快に思う人はいるということはよく理解したので謝罪と撤回をさせていただきました。

――ただ、そうなると塩村さんだけの問題じゃなくなってきますよね。プロレスという言葉だけじゃなく、たとえば「まるでサーカスじゃん」とか「コントかよ」っていう普段ボクらが安易に使っている言葉も全部揶揄する表現になるからダメってことですよね。サーカスをやっている人は当然命懸けだし、コントだって真剣に作っている。政治家に対しても、一生懸命にやっている人もいるだろうから「どうせ政治家なんてのはろくに仕事もしてないんだろ」って一括りにして語れない。

塩村　たしかにそう言われたら、真面目にやっている側からすると「え？」って思いますね。

――今回、塩村さんに投稿に対して新日本プロレスが訂正か

撤回を求める意見書を出して、そのあと塩村さんへの殺害予告が事務所に届いたっていうのは、その流れで起きたことなんですか？

塩村　まず、私はいつも何かにつけて叩かれていますし、常にSNSをチェックできるわけではないから、プロレスについて怒られていることは投稿から少し時間が経ってから気づいて、新日本プロレスのオーナーの木谷（高明）さんとかが怒っていらっしゃるっていうこともあとから知ったんです。

――木谷オーナーが「意味不明な言葉が使われています。訂正するか、削除するか速やかな対応をお願いします」とツイートしていましたね。

塩村　それであとから見てみると、結局、私のことを叩いていらっしゃる方は2パターンあって、ひとつはやっぱり本気で憤っていらっしゃる純粋なプロレスファンの方たち。あとは普段から私を叩いている人たちが便乗してやっているんじゃないかと感じました。分量的には最初に騒いでいたのは、もともと私のことが嫌いな人が多かったので、殺害予告とか嫌がらせが来るのは、おそらくプロレスがきっかけではあるんですけど、それはプロレスが好きな人がやったことではないと思いますね。

「政治の世界では失言ってあまりないんですけど、私は過去の『恋のから騒ぎ』に出演していたときのイメージがあるから」

――塩村さんが謝罪をしたあと、DDTの秋山準選手が「何気なく使った言葉、文字でたくさんの人を不快にさせ悲しませる事もあります。僕も今後気をつけようと思います」「先生もDDTに是非！」というツイートをして、先日塩村さんはDDTの会場に足を運んだんですよね。

塩村　秋山さんにそうおっしゃっていただいて、新宿FACEに観に行きました。もちろん行くのは緊張したんですけど、凄く楽しかったんですよ。なんかいろんなパターンの試合があるんですよね。

――DDTは肉体を駆使したガチッとした試合もあれば、オモシロに寄せたものもありますよね。

塩村　私は子どものときもプロレスを観ていて、ジャンボ鶴田さんとか三沢光晴さん、小橋建太さんとかスタン・ハンセンさんの時代だったんですけど。

――やっぱり日テレ畑の作家だったから全日ですね（笑）。

塩村　それで試合が終わったあとに、こわごわですけど秋山さんにご挨拶をさせていただけることになって待っていたら、試合したままの格好の秋山さんが手で乳首を隠しながら出てきて、「パンツ一丁ですみません」って。

――そうやって緊張を解きにきてくれたんですね。

塩村　やさしい人だなと思いましたね。

――そのあと秋山さんは「謝罪もしっかりして頂きましたが…僕もそうですがDDTで怒ってる人は誰もいません。これからもDDT、そしてプロレスを楽しんでください！」って言ってましたよね。ちゃんと謝罪もしたし、それでもう今回の一件は終わりでいいと思うんですけど、塩村さんは振り返ってみていかがですか？

塩村　まず、私がなぜ謝ろうと思ったかと言うと、本当にプロレスを愛する方々からメッセージが来ていて、それを読んで「たしかに」と思ったからです。これは無視していいメッセージじゃないなと。SNSには聞かなきゃいけない意見と、聞かなくていい意見ってあるじゃないですか？　でもプロレスっていう言葉がお約束というような意味で使われている現実があり、そのことは本当にプロレスを愛する人にとっては楽しめなくなるものであると。その気持ちを塩村さんがわかってくれると嬉しいという言葉をもらって、それから新日本プロレスの方が怒っているっていうのも教えていただいて、そこで私は初めて気づくんです。Xって凄い勢いでコメントが来るじゃないですか？　だからすぐには事態が把握できないんですよ。

――ボクらのような普通の人にはあんまりコメントとか来ないから、それは存じ上げないですけど（笑）。

塩村　激流のような勢いで罵詈雑言が流れてきますよ。それでプロレスファンの方からいくつか意見が来ていたのを読んでみると、その中に凄く事態とファンの心情をわかりやすく説明してくださった方がいて、凄く共感ができると思ったので、そこに私の考えと気持ちを乗せて謝罪をさせていただいたんです。

――正直、ボクもそれほど深くプロレスを理解していない部分があるから、悪気なく言葉を使ってしまったという気持ちは理解できるんですよね。

塩村　私は、政治の世界では失言ってあまりないんですけど、過去の『恋のから騒ぎ』に出演していたときのイメージがあるから、いかにも世間一般的に間違ったことを言いそうな人っていうのがベースとしてあるので。

――『から騒ぎ』に演者さんとして出ていたときの発言が何回も擦られたりしていますよね。あの、塩村さん自身からはけっして言えないだろうし、ボクは『から騒ぎ』の内情も制作体制もまったく知らずに想像だけで言いますが、「塩村にはあれを言わせたほうがおもしろいな」っていう演出があったなんてことはありますかね。事実は藪の中でけっこうですけど、たとえば演出が「塩村は過激なことを言って、さんまさんを刺激して怒らせる役どころだから、こういうエピソードを入れようよ。塩村と打ち合わせしてきてくれないか？」みたいなアイディアが出て、担当ディレクターが打ち合わせに来て「塩村さん、これをこういうふうに言えるかな？　そこで絶対に目立つから言おうよ」みたいな。さすがにゼロからイチにはしていないとは思うんですが。そんな提案を受けて、「それで番組が盛り上がるならいいですよ！」と塩村さんが納得して言ってしまうということは、当時ならあながちない話じゃないんじゃないかと。

塩村　うーーーん……。でも、そういうことってあとから言うことじゃないですよね（ニッコリ）。でも時代も変わってきたから、そろそろ言ってもいいのかもしれないけど……うん。

「私が言ってもいないことを言ったことにされていたりする。でも、こういう仕事を選んじゃったので」

——塩村さんとしても守るものがあるわけですよね。そこでたとえば「あんなものは面白おかしく演出で言ってただけじゃん」って言うのは、引退したプロレスラーがプロレスの内幕をしゃべるのと一緒というか。

塩村　ただ、あの番組自体はアンケートとかも凄くしっかりしていたので、その中におそらくそういうような話がたぶんあって、「このエピソード、いける？」ってなった感じですかね。だからけっして強要とかではないんです。わかりますよね？（意味深に）。

——（わからないとは言えず）……はい。みんなで番組を作ってるっていうことですよね。それとこのきっかけでもうひとつ。アイドル番組のロールに塩村さんの名前が作家として載っていて、「あんな下品な企画をアイドルにやらせていた塩村」っていう意見があるじゃないですか。「かつてアイドルをモノのように扱って、性の対象のようにしていたおまえが何を言ってるんだ」みたいな。

塩村　ありますね、いまも。

——これもボクの推測なんですが、あの番組で、塩村さんの意見ってたぶん何ひとつ通っていないんじゃないかと思っているんですよ。それは当時の塩村さんの立ち位置だったり、ロールの位置からの推測なんですが。

塩村　あのときは本当に末端過ぎましたね。

——男性主導のノリが通用してしまう時代だったし、それが求められてるしというところで、ボクからすると「塩村さんの言うことは1ミリも通ってないと思うけどな」って感じなんですよ。

塩村　ロールに名前が入っていましたけど、作家の見習いとして入った番組で、私が『から騒ぎ』から歩んでいるので、日テレが愛として入れてくれていたんですよ。見習いだからノーギャラでしたし、これからの作家人生を応援してあげるからと、まずは局の入館証を作っていただいて、そうすれば自由に出入りができて、企画書をどんどん出せるようになるからって。その一環であの番組にも名を連ねていて、企画会議でたまにネタを拾われたりはするんですけど、私があの番組を作ったとは到底言えないというか。

――構成作家とはそういうもんですからね。番組を司る演出に向けて「こういうのはどうですか？」とトスを上げ続ける。そのなかでたまに採用されて自信に繋げるっていうのが若手作家あるあるですよね。

塩村　あれは深夜の番組で、スタッフの人件費以外は本当に数万円の制作費だったので、スタッフみんなが出役だったんですよ。そのなかで言われるままの演出に私もお付き合いするみたいな。そうしてプロデューサーさんとか演出のみなさんに関心を持ってもらって、次の番組に企画で紐づけてもらうっていう作業を、あの番組で1年、2年ぐらいですかね、やっていた時期でした。それと番組に名前はずっと載っていましたけど、途中からは日テレさんから直接お仕事をいただけるようになっていたので、企画会議自体にも出ていないんです。それで、いまネットに出回っているのも、私がすでに政治家になった年のものなので、そもそも私はタッチしていないものなんですよね。

――ひどい話だ。

塩村　そういうのもありつつ、また別の元ジャニーズの赤西（仁）くんの番組ですけど、「赤西くんをビックリさせたくて。こういうことを言える？」っていうことを提案されて「わかりました」となって言った話もありましたし。それは当時の番組の方向性と台本には書いていない裏台本で「これ言ってもらえる？」っていうことで。だって「3人同時に付き合ってて、3人とも肉体関係がある」みたいなことって、それが本当だったら彼氏が3人もいるんだから絶対にテレビで言えるわけないですよね（笑）。私は驚かせるために言ったんです。でも、そういうことを正面切って、毎回「じつは違うんです」といちいち否定するっていうのは、お世話になっていた業界を否定することにもなるので、言えずにモゴモゴしている感じです。

――なるほど。いろいろな演出があるのでなんとも……という感じですが。

塩村　だから番組で発言したという事実はあるけども、その内容自体は全然違うものですし、そしてネットに出回っているものはほとんどがデマです。私が言ってもいないことを言ったことにされていて。

——発言に色づけをされている感じですか？

塩村　色づけをされたり、動画に違う回の動画をくっつけたりして、ひどいことになっています。

——凄くクリエイティブな固定ファンを持っているんですね。

塩村　まあでも、こういう仕事を選んじゃったので。

「自分にはやらなきゃいけないことがあると思っているので、政治家になってよかったし、やりがいがあります」

——そもそも政治活動をしたいなっていう気持ちはいつ頃からあったんですか？

塩村　それこそ作家になって、3年目とか4年目ぐらいですかね。ラジオの仕事もやっていて、構成台本を書いたり、出演者に聞いてネタの調整とかをやっていくなかで、ラジオのベルトって絶対にそういう社会問題的な話題が出てくるじゃないですか？　自分たちの暮らしの不安さとか、動物愛護とか、当時は保育園の数が不足しているとか。私が30代前半の頃で、保育園に関してはまわりのママになった友達みんなが凄く困っていて、政府は「すべての女性が輝く社会づくり」とか言ってるのに、子どもを受け入れる先がないから働くこともできない。それと、どうして正社員だけ入園させやすいポイントなの？　非正規こそ、フリーランスこそ預けられる先がないと困るのに、っていうのもあり。そして東日本大震災があって、被災地にペットが置き去りにされたことが起きたので、当時の民主党政権の閣僚の方たちに会わせてもらったりもしていたんですよ。そうしたら「自分でやったほうが早い」って言われて。

——こうしたいと思うことがあったら、誰か先生に頼むんじゃなくて、あなた自身が動いたほうが早いよと。

塩村　そう言われて、「あっ、そうか」と腹落ちして。それまでも動物愛護のこととかで何回も個人的に署名とかいろんなものを持って、議員さんに陳情に行ったりしていたんですけど、でもそこで物事が動いた試しがなかったんですよね。「ボクらはしがらみがあってなかなか動けないから、やりたいんだったら自分でやったほうがよっぽど早いよ」って当時の鈴木寛さんから言われて、「なるほどね」って思って維新政治塾に通うようになり、でもなんか違うなと思って、みんなの党から東京都議選に出たという感じですよね。それが2013年です。

——震災の話も出ましたけど、あのときにボクは宮城県の石巻市に自転車とか必要物資を届けに行ったんですよ。

塩村　大井さんがですか？

——あっ、憶えてないですか？　ボクの知り合いが石巻にいて、近くの小学校に避難していたんけど、まわりが水没しちゃって身動きが取れないでいると。それで感染症も増えているということもあって、その小学校に1週間くらい救助が来なかったんですよ。当時はクルマにガソリンを入れるのも2時間待ち、半日待ちっていう情報もあって、助けに行きたいけどどうしようかなと思って。それでガソリン車じゃないクルマってないかなと考えて「あっ、（LPガスの）タクシーだ」と。それでタクシーで石巻に向かったんですよ。

塩村　あれ？　タクシーで行ったたっていう人がいましたよね？　そうだ、思い出した！　大井さんですよね。

——そうそう。まだ震災から1週間が経ったあたりだったから、鉄道機関も止まっていて、たしか茨城くらいまでは高速も不通だったんですよね。でも救援物資を持っていかなきゃいけないから最初から電車で行こうという発想はなかったから、タクシー会社に連絡をしたら「そういう事情であれば」とバンとドライバーをふたり用意してくれたんですよ。そうしたら塩村さんが連絡をくれて、「自分は行けないけど、このお金を物資購入の足しにしてくれないか」とお金を渡されたんです。それで自転車とか日用品とか買ったんですよね。

塩村　私がお金を渡しましたか？　忘れてますね（笑）。でも東京からタクシーで被災地に行く人がいると聞いて、凄いなとは思ったんですよ。

——それで中古の自転車をタクシーに乗せられるだけ買い集めて、あとは消毒剤とか子ども用の靴とかを買って石巻に行ったんですよ。その節はありがとうございました。

塩村　いえいえ、自分も行きたいけど行けなかったので、「それくらいは」となったんだと思います。

——どうですか？　実際に政治家になってよかったと思いますか？

塩村　よかったというか、やらなきゃいけないことが私にはあると思っているので。

——自分の使命として？

塩村　そうです。それをやるためにはなってよかったと思うし、やりがいはあります。でも闘っていることがジェンダー系のこととかですから、日本だと凄くバッシングされるんですよ。同性婚とかそういう権利を認めていこうっていうのは世界的な潮流なのに、そういう権利を認めていく動きに対して、もの凄く抵抗する人たちがいるんですよね。それを応援する私たちも叩かれるみたいなことが、ネットを中心に発生するので大変ではありますね。

「『メンタルが鋼鉄だ』って言われて、男性にフラれたことがありますからね（笑）。いまは恋愛よりも仕事が第一です」

——塩村さんが向き合っている悪質なホスト問題とか、ＡＶ出演強要問題とかも常に波紋が起きていますよね。

塩村　そういったものを取り上げると、もの凄く反対が起きるわけですよ。やっぱり利益を得ているのは男性だったりするから、もの凄くバッシングが起きていくっていう。私は社会正義的に容認されるべきではないと思う事案を取り上げているので叩かれることが多いけど、やるべき仕事だと思っているし、やりがいがあると思っています。あとは不妊治療の保険適用なんかも、私を中心に取り組んできたことで、最終的に当時の菅（義偉）総理が不妊治療に関する保険の適用を決めてくれたのはたしかなんですけど、私たちのほうがずっと先から訴えていて、菅総理が誕生する以前、安倍政権の時代に当時の少子化担当大臣が「その方向で進めます」って私に答弁しているんですよ。だから私たちが動かしたというのは間違いなくて、ただ、野党ができるのはここまでなんです。最後のアナウンスは与党、政権がやるので、野党の仕事がやった仕事を最後は与党がやったになるんですけど。

——こっちはトスを上げ続けると。

塩村　トスを上げて、あとは与党が打つだけっていう仕事が野党の役割なので、そういうところでけっこうな数の仕事ができているとは思っています。「なんかちょっと、よくしたいじゃん日本」みたいな、その仕事はできているかなと。だから、もの凄くやりがいがあります。

——トスを上げ続けるのは作家と一緒ですね。それで最後タレントに打ってもらうっていうのと。

塩村　そうですね。上げて、打たなきゃいけないってところに持っていく、打たなきゃどうなるかっていうところにまで持っていくのが仕事です。政府と与党を動かすことも野党の仕事で、私は実際に動かしたいと思っているほうなので、そういうトピックの上げ方と質問の仕方をしています。もうちょっと政権を争うぐらいになれば、もっとお互いの主張のぶつかり合いができるんですけど。よく「立憲民主党とかの野党は批判だけしている」って言われますけど、それは政権を獲るためにもの凄く必要なことなので。そしてタイミングとして私がやっている仕事のほうが重要だと思っているから、がんばっている感じですね。

——プライベートなことも聞いていいですか？

塩村　はい。

——恋してますか？

塩村　恋。もう、あんまりそういう感じでもないですね。20代のときって恋愛は凄く重要でしたけど、いまは仕事が第一です。一家の大黒柱で、家族は猫だけだけど、私が倒れたら全部倒れるから、そういうことを考えると、恋愛で自分の仕事が疎かになることはあってはいけないという感じですね。

——そう思っていても疎かにしてしまうかもしれないというのも、恋じゃないですか。

塩村　それは今回、ホストにハマった女の子たちと接していて凄く思うんです。理屈じゃないんですよね。だから自分が稼いだものとか、足りないんだったら自分が稼ぎに行くっていう、そういうところまで全部見ていて、もしかしたらかつての私にもそういうところがあったのかなと思うと、彼女たちに会うときは否定はせずに話を聞きながらなんとか支援に繋げていく。だから恋って洗脳、脳内の麻薬なんですよね。そういうのが歳とともになくなってくるから、穏やかに、冷静に「ちょっと違うかな」「いまは仕事かな」っていうそれだけです。仕事を乱されたくないですね。

——塩村さんって絶対にハートが強いですよね？

塩村　以前、「メンタルが鋼鉄だ」って言われて、男性にフラれたことがありますからね（笑）。

——もともと鋼鉄なんですか？

塩村　いえ、10代とか大学に入った頃は全然で、20か21のときに大失恋をしてしばらくしょげていたんですよね。そのあと海外に留学して、「何も自分のことを言わないのは、いないのと一緒だ」という文化を知り、さすがに言わないとまずいなと思って言い始めて、日本に帰ってきたら相対的に強くなっていたみたいな。海外では普通なんですけど、日本ではメンタルが強めみたいな感じですよね。

——ありがとうございます。これからも塩村さんの鋼のメンタルを駆使したご活躍を期待しています。あと、恋をしたときはご一報ください。

塩村あやか（しおむら・あやか）
1978年7月6日生まれ、広島県福山市出身。立憲民主党所属・参議院議員。
高校在学中の1996年にアルペンのイメージガールコンテストで準グランプリ、1997年には『第8回ニューカレドニアプリンセス』で審査員特別賞を受賞。1998年に『ミスヤングマガジン』準グランプリとなり、数々の雑誌のグラビアに出演する。1999年3月に共立女子短期大学卒業。中央大学法学部（通教）在学中。2007年に『恋のから騒ぎ』（日本テレビ）の第14期生MVP受賞をキッカケに、日本テレビ系の番組を担当する放送作家としての活動を始める。その後、政治に興味を持ち始めて2012年に開講した維新政治塾の塾生を経て2013年にみんなの党に入党。同年、東京都議会議員選挙へ世田谷区から立候補して初当選を果たす。都議時代より不妊治療支援や動物愛護政策では国政へも影響を与え、国の超党派議連にも地方議員代表としてアドバイザリー・ボードに迎えられていた。2019年7月、第25回参議院議員選挙に東京都選挙区から立候補して初当選。当選後は参議院の予算委員会、内閣委員会、外交安保調査会野党筆頭理事、立憲民主党の国際局や青年局に所属。これまで不妊治療支援やAV被害者救済法、悪質ホスト問題などを動かしてきた。現在はフィリピン残留日本人2世問題や、未帰還の遺骨収容など、日本の戦後処理問題にも力を入れている。「野党だからできることがある」「与党を動かそう!」をモットーに多岐にわたる活動を積極的におこなっている。

大井洋一（おおい・よういち）
1977年8月4日生まれ、東京都世田谷区出身。放送作家。『はねるのトびら』『SMAP × SMAP』『リンカーン』『クイズ☆タレント名鑑』『やりすぎコージー』『笑っていいとも!』『水曜日のダウンタウン』などの構成に参加。作家を志望する前にプロキックボクサーとして活動していた経験を活かし、2012年5月13日、前田日明が主宰するアマチュア格闘技大会『THE OUTSIDER 第21戦』でMMAデビュー。2018年9月2日、『THE OUTSIDER第52戦』ではTHE OUTSIDER55-60kg級王者となる。

坂本一弘

馬乗りゴリラビルジャーニー（仮）

第40回
野生のカリスマ・桜井"マッハ"速人

構成：井上崇宏

（さかもと・かずひろ）
1969年3月4日生まれ、大阪府大阪市出身。
修斗プロデューサー/株式会社サステイン代表。

——先日、修斗でマモル選手の引退エキシビションがおこなわれましたけど、3人目の"X"でまさかの佐藤ルミナさん登場で。いまだにあんなにパキパキの身体をしてるのが驚きだし、ヒールフックでタップを取っちゃうし（笑）。

坂本　あのサプライズはよかったでしょ？やっぱりルミナはストイックですから。いまだにバッと出てきた瞬間に会場の空気を変えてしまうのはすげえなって思いますよね。さすが修斗のカリスマですね。

——めっちゃカッコよかったですよ。というわけで、今回は桜井"マッハ"速人さんについてお話を聞けたらと思います。

坂本　えっ、ストイックつながりで!?（笑）。俺にとってはマッハはずっと「やんちゃな弟」みたいなイメージですよね。だからちょっと粗相をしでかしちゃうことがあるんだけど、たとえば20年くらい前かな、ふたりで町中華に行ったんですよ。マッハは野菜炒め定食みたいなやつで、俺はチャーハンを単品で頼んだんですよ。で、俺のチャーハンのほうだけスープがついていたんですけど、食ってる途中にマッハが目の前で俺のスープを取ってズルズル～と半分飲んでから元に戻すんですよ。ちょっと待てと（笑）。

——アハハハ。半分いったらもう全部飲んでほしいですね（笑）。

坂本　飲んだあとに自分のところに置くんだったら、間違えて俺のを飲んだのかなと思うけど、戻すってことは俺のものだってわかって飲んだわけじゃないですか（笑）。「マッハさ、ほしかったら言ったらあげるから」って言ったら「はあ、はあ、はあ」って。そういうエピソードは枚挙にいとまがないですね。

——そもそも修斗をやりたくて上京したのに間違ってシュートボクシングのジムに入っちゃったっていうところからすべては始まっていますよね（笑）。

坂本　そういえば、いつかのシュートボクシングさんの忘年会でね、そこでマッハも楽しく飲んでたらしいんですよ。で、その翌日はルミナとマッハが大阪で撮影が入ってて、それに広報の北森も含めた4人で行くことになっていたんです。それで「北森、朝9時の新幹線に遅刻しないようにちゃんとルミナとマッハに連絡しておいてね」と言ってて、まずルミナは心配ないんですよ。というか、そもそもルミナがしっかりするようになったのはマッハのおかげなんですけど。

——反面教師というか（笑）。

坂本　やっぱり身近に「これはちょっとヤバいな……」って思う人がいると、人間ってしっかりするもんなんですね（笑）。もともとルミナも相当やんちゃで、佐山先生から「ルミナ！　ちゃんと挨拶しろ！」って怒られたりしていたんですけど、自分に大幅に上回る若手が出てくると「これは俺がしっかりしなきゃダメだな」と。

——真面目にならざるをえない（笑）。

坂本　それでね、当日の朝っぱらから凄い電話が鳴って、なんだよと思ったら北森からで。「すみません、坂木さん、いいですか？」「なになに、東京駅だってわかってるでしょ？」「じつはマッハがいま浅草署にいます……」と。

——ほう！

坂本　嫌な予感しかないじゃないですか。そうしたら北森が「警察から連絡が来て、いまから身元引受人で行ってきます」と。

——いやいや、これから大阪だろうと（笑）。

坂本　「先方もグリーン車を取ってちゃんとやってくれてるんだから、絶対に間に合わせろよ」って言って、北森も「わかりました。かならず連れて行きます」と。それでね、浅草署に行ったんですって。そうしたらマッハが上半身裸で「北森くん！　こっち、こっち！」って。それで北森が「おまえ、なにやってんだよ！」って言ったら、マッハが「この人たちがさあ、俺のことといじめんだよ～」って言ってて、警察の人が「おまえ、そんなこと言うなよ～」みたいな感じで和気藹々だったらしくて（笑）。

——なんだそれ（笑）。それは早朝の出来事ですよね？

坂本　早朝の6、7時くらいですよ。それで北森が「ちょっとおまえ、なにやったの？」って聞いたら、「いや、なんかさ、自転車が置いてあったからそれに乗って浅草をバーッと走ってたらこの人が止めるのよ。俺、なんもしてねえのに」と。まずね、忘年会の帰りに歩いてたら屋台のおでん屋を見かけて入ったら、そこの主人が寝ていたそうで、しょうがないからってそのままおでんを食べちゃったらしいんですよ。いくら主人を起こしても起きないからお金を置いて屋台を出たら、道端に自転車が置いてあって「チャリで帰ろうと思った」と。「えっ、どこまで？」って聞いたら「茨城」って（笑）。そりゃあんなゴッツい男が上半身裸のまま自転車で浅草を疾走していたら不審ですよ。まあ、マッハがまだ20代の頃の話ですよ。

——大昔の話ということで。

坂本　最終的に北森が警察の人に頭下げて、時間に遅れずに東京駅に来たんですけど、アイツが凄いのはパトカーで途中まで乗せてもらってるんですよ。上野あたりくらいまで（笑）。

——国賓かよ（笑）。

坂本　そういう牧歌的な時代というか、警察の人をバカ負けさせて自分の味方にしてしまうマッハの人間力なんですかね。

——ずっとキャラクターの勝利を重ね続けていますね。そもそも「桜井〝マッハ〟速人」って名前をつけたのは誰でしたっけ？

坂本　彼の師匠の桜田直樹さんです。第一次UWFにもいたプロレスラーのマッハ隼人さんにちなんで。

——ボクが初めてマッハ選手の試合を生で観たのが、たしか1998年のバリジャバなんですよ。めちゃくちゃ動きが速くて「本当にマッハだな！」って思ったんですけど、ダジャレで命名されたんですね（笑）。

坂本　セルゲイ・ヴィチコフ戦ですね。やっぱり修斗の中で言うとマッハは傑作のひとりですよ。あの時点で確実に世界で5指には入っていたと思う。2002年にUFCでマット・ヒューズに負けはしましたけど、あれはぎっくり腰もありましたから。敵は我にありの典型ですね。

——PRIDEで大活躍していた頃の桜庭さんとやりたがってましたよね。

坂本　マッハは打投極の美しいコンプリートの仕方をしていて、すべてにおいてバランスがよく、しかもインサイドワークもあった。ああ見えて凄くクレバーなので。

——「ああ見えて」は余計ですけど（笑）。

坂本　格闘技におけるクレバー能力はかなり高いですよ。状況に応じて自分から行かないときは行かないし。そういえば『Road to UFC』でアメリカに行ったとき、ダナ（・ホワイト）とルミナがしゃべってて、そこに俺もいたんですけど、そうしたら口にパンをくわえてコーヒーを持ってるマッハが向こうから来て、ダナが「ルミナ。あれはマッハか？」って聞いてきたから、ルミナが「イエス」って答えたら、ダナが「リアリ……？」って（笑）。

——アハハハハ！　まだまだ育ち盛りで、いまやヘビー級ですからね（笑）。

坂本　一種のアメリカンジョークなんだろうけど（笑）。だから憎めない男ですよ。関わらなければもっと最高にカッコよく映るんだろうな（笑）。

——スターってみんなそうですよね。近くにいるよりも遠くから見たほうがカッコいい。

坂本　たとえば井上さんが知っている範囲で、ほかのジャンルでマッハみたいな人っています？

——ほかにもいるのかもしれないですけど、もう突き抜けてますよね。昭和のプロ野球選手とかにはああいうタイプが混じっていたんだろうなっていう気はしますよね。酔っ払ったまま球場に来て、ホームランを打って帰るみたいな（笑）。

坂本　ちょっと前の時代のプロレスラーにもいそうですよね。

——プロレスはUインターくらいが最後じゃないですかね。みんなで飲んでて、酔っ払って六本木交差点の交番に入って行って、警察官から拳銃を奪おうとしたんですからね（笑）。

坂本　それはもうヤバいというか、テロじゃないですか（笑）。

——まあ、時代ですよね。って、そんな時代があったのか憶えてないですけど（笑）。でも、そのおまわりさんがプロレスファンだったらしくて「ちょっと、あなたたちダメですよ！」って言って終わったみたいですけど（笑）。

坂本　プロレスはやっぱレスラーとファンの絆が固いな（笑）。

――だけどマッハ選手は、何かの憂さ晴らしで暴れるとかそういうタイプではないですよね。ぶっ飛んでるだけで、暗い動機がないというか。

坂本　マッハは常に理由なき反抗ですからね（笑）。

――いちばんヤバい（笑）。でも見ていて、うらやましくもなりますよね。みんなああなりたいじゃないですか。

坂本　えっ、なりたいかな？（笑）。

――だって本人はいたって自然で、生きていてまったく息苦しさがないわけじゃないですか。

坂本　いや、「いろいろ考えたら夜も寝れませんよ」って言ってましたよ。

――えっ？（笑）。たしかに太った理由も、柔道整復師の国家試験を取るために徹夜で猛勉強をしたからって言ってましたね。

坂本　どんな状況なんでしょうね（笑）。

――でも、ちばてつや先生が描きたくなるような生き方じゃないですか。

坂本　あっ、それは本当に言い得て妙ですね。『おれは鉄兵』とかね。

――リアル『のたり松太郎』ですよ。

坂本　でも本当に紛うことなき、最高の選手だったっていうことは言えますよね。格闘技に関してはすべてにおいて本当にイカしてた。

――故人を偲ぶみたいな言い方しないでください。魅せるという部分で、マッハ選手なりのプロ意識みたいなものってあったんですか？　あるいは本能だったのか。

坂本　やっぱり本能じゃないですか。

――「自分はこういうキャラクターで行くんだ」じゃなく。

坂本　でも本能でありつつ、先ほども言いましたけどクレバーだから「勝つためにはどうしたらいいか」っていうこともちゃんとわかっていましたよね。とにかく修斗の歴史の中で、最高のコンプリートファイターだったと思いますよ。あんな選手はちょっといないよな。

――いまは現職の龍ケ崎市議会議員ですけど、いまだに強そうじゃないですか。2週間前くらいに「大晦日に試合できる？」って言われても絶対に出てきますよね（笑）。

坂本　減量はしないかもしれないけど、試合に出ること自体は「ああ、いいっすよ、いいっすよ」って言うでしょうね。だから「行け」って言われたらすぐに裸になって闘えるって珍しいタイプですよね。ある意味でアスリートなんだけどアスリートじゃないっていうか。本当に謎が多いんですよね。

――指導とかもうまいんですかね？

坂本　それは無理じゃないですか（笑）。おそらく長嶋茂雄タイプだから「えっ、なんでこれができねえの？」みたいな感覚だと思うんですよね。マッハしかできないことを人に教えて伝えるっていうのは難しい。そこで弱者に対しておもんばかるという気持ちなんてあるわけがないんだから（笑）。存在が唯一無二だから桜井〝マッハ〟速人一代記で終わりでしょうね。

[参考資料用]

馳浩
"想い出のアルバム"

Illustration by HIROSHI IGUCHI

写真：山内猛

ロサンゼルスオリンピック・レスリング日本代表という肩書きを引っ提げてプロレス入り。1987年12月27日に両国国技館で国内デビューを果たし、いきなり小林邦昭の保持するIWGPジュニア王座に挑戦してノーザンライト・スープレックス・ホールドを決めてベルトを獲得した。

プロレスがわかれば世の中が、
そして世界が見えてくる。

斎藤文彦×プチ鹿島

活字と映像の隙間から考察する

プロレス社会学のススメ

司会・構成：堀江ガンツ　撮影：タイコウクニヨシ　写真：山内猛

第47回

馳浩とは何か？

石川県の馳浩知事が、東京五輪招致推進本部長時代に五輪誘致をめぐり、国際オリンピック委員会（ＩＯＣ）の委員に対して内閣官房報償費（機密費）で贈答品（通称・想い出アルバム）を渡したという発言をして問題となっている。

その後、知事は「誤解を与えかねない不適切な発言であり、全面的に撤回する」とのコメントを発表し、以降の記者会見などでは「全面撤回している」と、言及を避け続けている。

馳浩とは何か？　このＩＯＣ買収疑惑問題を機に、あらためてプロレスで日本国内デビューした1987年から振り返ってみたい。

「お酒を飲んで『ノーツイートだぞ！』って、ロフトプラスワンならオッケーでも、公人である馳はそれではダメでしょ」（鹿島）

――2023年最後の収録ですが、この号の発売日は1月5日ということで。新年あけましておめでとうございます！

鹿島　おめでとうございます。新日本の1・4ドーム大会も無事に終わったということで（笑）。

斎藤　その前、大晦日には全日本の国立代々木、元日には初日の出プロレスやZERO1（栃木プロレス）の後楽園があって、2日、3日には昭和の時代から恒例の全日本後楽園大会、今年はノアの1・2有明アリーナもあって、すでにかなりの数の興行がおこなわれているんですよね。

――2023年を振り返ると、まずノアの1・1日本武道館大会でグレート・ムタvs中邑真輔という歴史に残る一戦から始まりましたけど、その大会にサプライズ出場したのが馳浩石川県知事なんですよね。

鹿島　新年早々に物議を醸して（笑）。

斎藤　そして年末になって今度は東京五輪招致におけるＩＯＣ買収疑惑問題（当時、馳は五輪招致推進本部長）に関する発言と報道、その翌日の発言撤回が大きなニュースになった。

鹿島　だから2023年「今年の漢字」は

「馳」だったと思います。元日から最後までずっとやらかしていたじゃないですか。ボクもうれしすぎて、まだ締め切りまで10日以上あるのに馳浩の原稿を書いちゃいましたから。筆が走っちゃって（笑）。

――馳に始まり、馳に終わった2023年（笑）。

鹿島　元日に武道館の試合に出たこと自体はべつによかったと思うんですよ。サプライズ登場にお客さんもよろこんでいたし、いちおうオフですから。あれが叩かれるのはかわいそうだなと思っていたんですが、そのあと石川県に戻って、石川テレビにプロレスの映像を貸さないっていうところから2023年の馳が始まったんですよ。貸さないっておかしいじゃないですか。

――〝因縁〟があるテレビ局には、ニュース映像であっても出させないという。

鹿島　なぜそんなことをしたかと言えば、石川テレビは五百旗頭幸男監督の『裸のムラ』っていう映画を制作していて、石川県の森喜朗さんとか、馳さんとか、男性社会とその忖度みたいなことがいろいろ描いてあるんですよ。それを馳さんが県職員や自分の姿が勝手に映ってるからと「肖像権はどうなんだ？」と言って、気に食わないという理由で石川テレビにはプロレスの映像を貸さないと。むちゃくちゃじゃないですか。つまりメディアコントロールをしているわけですよ。

斎藤　権力行使のイメージですね。

鹿島　それってプロレス的には80、90年代に週プロが凄かったときに団体側から「○○が気に入らないから」ってことで取材拒否っていうのがあったじゃないですか。あれと同じですよね。それをまたもう一度考え直せるんじゃないかっていうことで、ボクは『教養としてのアントニオ猪木』という本の中でも馳浩論をあえてやったと。

――そうしたら本が出たあと、すぐに東京五輪招致問題が起きて（笑）。

鹿島　東京で講演会をやったとき、自分が東京五輪招致推進本部長時代の話として、安倍さん（安倍晋三元首相）から「かならず勝ち取れ」「金はいくらでも出す」「官房機密費もある」と言われたと。それで実際にIOC委員それぞれの「想い出アルバム」を1冊20万円で作ったことを、手柄話として意気揚々としゃべっていたという。

斎藤　シチュエーションとしては「ここから先はメモを取っちゃダメですよ」と、そこにいる記者たちとの馴れ合いの構造を確認したうえでの発言。もちろん、そういう音声はかならず表に出てきますが。

鹿島　あれが石川県内での講演会だったら漏れなかったかもしれないけれど、東京で「オフレコ」って言っても重大なニュースになるならそれは流しますよ。

斎藤　それがどんな場面であっても、その発言は音声データに残され、映像に撮られるのが大物政治家というものです。

鹿島　2023年2月に岸田首相の秘書官がLGBTのマイノリティに対して、「隣に住んでたら嫌だ」とかひどいことを言っていたじゃないですか。あれもオフレコの場でやったんですけど、たしか『毎日新聞』

が最初に報じたんですよ。「これはやっぱり報じなくちゃいけない」と。

斎藤　報道機関ならば、もちろん報じなければいけない。

鹿島　だって岸田政権の政策に携わって、ＬＧＢＴ法案にも関与している人ですから。だから当然同じような事態になることはわかりそうなものなのに、なんで馳はしゃべったのかというと、地元紙を読んだら講演だけで東京に行ったんじゃなくて、パーティーで乾杯の挨拶をしたときにお酒を飲んでいたらしいんですね。お酒を飲んで「ノーツイートだぞ！」ってしゃべるって、ロフトプラスワンならオッケーでも、公人である馳はそれではダメでしょ。

――プロレス業界裏話とはわけが違いますよね（笑）。

鹿島　なんでこんな迂闊な人になっちゃったんだろうっていう。でも、一方でそれだけ注目されているのは、石川県知事で公人中の公人ですからね。しかも当時は東京五輪招致の推進本部長ですから、その人が適当なことを言うわけないんですよ。

「当時の直接の師匠である松浪健四郎さんが週プロの編集部によく遊びに来ていて、馳の才能について熱く語っていた」（斎藤）

――だから今回は、あらためて「馳浩とは何か？」というのをプロレス史から振り返りたいなと思うんですよ。

鹿島　いいですね～。

――馳浩がプロレス界で世に出たのは１９８７年。長州軍団が全日本を離脱して新日本に戻ってきたときでしたけど、あのときから馳浩は馳浩だったな、という気がするんです。

斎藤　１９８７年春の段階ですね。長州軍団が日本テレビとの専属契約を残したまま全日本からフライングしたので、新日本への復帰は実現しても、あの時点ではテレビ朝日の『ワールドプロレスリング』に登場することはまだできなくて、長州力はスーパー・ストロング・マシンや保永昇男に押さえられながら、リングサイドの観客席側から大声でアピールするというシーンがあった。そのあたりは日テレと裁判にならないためのギリギリのラインというか、契約内容の解釈ということになりますが、長州が上半身裸になって場外フェンスよりも内側に足を踏み入れると、そこで契約違反でアウトというコンセンサスがあった。そういった針の穴を通すようなビミョーな画づくりがあって、長州軍団ではあるけれど全日本とも日テレとも契約していないマサ斎藤がアントニオ猪木と闘い、１９８７年４月の両国ではまだ日本国内では正式デビューしていなかった馳浩がマサさんのセコンドについた。

鹿島　馳さんは当時、ルーキーというか海外修行して帰ってきたくらいですよね。

――まだカルガリーでの修行中で一時帰国でしたね。なので、あのときから親分である長州力のために汗をかいたわけですよね。いまの親分、森喜朗のために汗をかくのと変わっていないという（笑）。

斎藤　汗をかくどころか、もの凄く重要な

登場人物としての〝参戦〟でした。3月の大阪城ホールでおこなわれた『INOKI闘魂LIVE』での猪木vsマサ斎藤が、海賊男の乱入により暴動で終わったあとの両国での再戦。馳はセコンドとして試合に参加していた。終盤戦、エプロンに飛び乗って観客席にいた長州に〝×〟のポーズをとって「もうダメですか?」「ストップしますか?」と再三確認したうえで、タオル投入代わりに自分が着ていた白のトレーナーをリング内に投入してTKOを要請。マサ斎藤の大流血戦を終わらせた。

鹿島　まだ日本でデビューしていないルーキーがそれだけの大役を担っていたっていう。

斎藤　最初から破格のキャスティングだった。

鹿島　当時、週プロはデビュー前から「馳は凄い」っていう伝え方をしていましたよね?

斎藤　週プロだけではなく、ファイトやゴングも記者がカルガリーまで行って馳を密着取材していましたから。週プロは、馳のプロレス転向が発表されたとき、石川県の星稜高校で国語教師として教壇に立っている様子も写真に撮った。

鹿島　あ〜、憶えてます。ジャパンプロレス入りを発表した時点では、まだ国語教師だったということですね。

斎藤　実際に高校教師だったのは1年間だけだったんですね。ボクの知人で当時の馳を知っている人たちが何人かいて、その人たちの証言によれば、そのときすでに「私学教員の待遇改善——!」という組合運動もやっていたそうです。だから、そういう政治的なことがもともと得意で、〝その他大勢〟であったことは一度もない。

——その馳浩をターザン山本さんがめちゃくちゃ推していて（連載エッセイの）『ザッツ・レスラー』では「時代は佐山から馳へ」みたいに書いていましたからね。そんなのを当時、ボクは中学1年で読んでいたので、馳浩幻想がデビュー前からめちゃくちゃ巨大化してましたよ（笑）。

斎藤　当時の馳さんの直接の師匠で、まだ議員にはなっていなかった松浪健四郎・専修大学教授が、週プロで連載を持っていて神保町の専大と編集部が歩いてすぐの距離だったこともあって、編集部によく遊びに来ていたんですね。雑談の中でよく馳の才能について熱く語っていました。

鹿島　ターザン山本さんがそれを聞いて、「これはいける！」と推したわけですよね。

――だから週プロを読むと、「馳vsオーエン・ハートは（初代）タイガーマスクvsダイナマイト・キッドの再来だ」とか書いてあって（笑）。

斎藤　たしかにそういう論調でした（笑）。

――「これは大変なものが観られるんじゃないか」と期待していたんですけど、実際、馳が日本デビューした次のシリーズにオーエン・ハートも初来日して、後楽園で一騎打ちが組まれたんですけど、いまいちハネなかったんですよね（笑）。

鹿島　「タイガーマスクvsダイナマイト・キッドの再来」と言われて、ハードルが上がりすぎちゃって（笑）。

「今回のオリンピック招致発言で炎上する前、じつは馳さんは山田邦子さんを地元に呼んでイベントをやっていたんです」（鹿島）

斎藤　週プロを作っていた立場からすると、ちょっと責任を感じます（笑）。オーエン・ハートは「天才児」と呼ばれていましたが、キッドのような危険な香りを漂わすタイプではなくて、技を正確に決める、大技のレパートリーがたくさんあるタイプだったので、キッドを観たあとだと、ちょっと綺麗すぎちゃったのもあったと思います。

――しかも、当時の新日ジュニアのトップは髙田延彦vs越中詩郎ですからね。オーエンのスタイルとは相容れなかったんでしょうね。

斎藤　でもオーエンにしてみれば、「越中のよさがわからない」という感じだったんです。

鹿島　言われてみれば、それはそうでしょうね（笑）。

斎藤　当時のファンの脳内にはまだ新日本vsＵＷＦの残像が強烈に残っていたから、ちょっと時間を置くか、あるいは馳vsオーエンをしつこく10回くらい観せれば、「いまの最先端のスタイルはこっちなんですよ」みたいになったかもしれないけれど、タイミング的にやや不運でしたね。

――少し話を戻すと、猪木vsマサ斎藤のセコンドをやったあと、今度は『ギブＵＰまで待てない!! ワールドプロレスリング』のスタジオ収録に出演して、ＭＣの山田邦子さんに対して「つまんないこと聞くな！」って声を荒げる事件があったと。

斎藤　ボクは当時、構成作家としてあの番組のスタッフに入っていたので、あの日もスタジオにいたんですけど、場が凍りつきましたね。馳さんはまだデビュー前だったし、爽やかキャラだった馳が突然キレるなんて予想していなかったので、現場のＩＶＳテレビ（制作会社）のディレクターがみんなのけぞっちゃったんです。いま考えると、それは凄くおもしろい光景で、ボクの中にもディープに残る体験だった。

鹿島　でも、あの映像を観返すと、馳もちょっと緊張していましたよね。言葉もちょっとうわずっていて空回りしてるし。ただ、当時はプロレス番組のバラエティ路線に対するファンの反発が凄かったから、「馳、よくやった！」みたいな空気になったんですよね。このあいだ久田将義さんとトークライブに出たときに馳の話になって、「あのときはボクも『馳、よく言った！』って思ってました」って言ってましたから、そういう思いが当時のファンにはあった。

斎藤　馳さんとしては狙い通りだったのではないか、と感じます。どう考えても、あれは狙っていましたね。

鹿島　何か無理やり言ってる感があったんですよね。邦子さんもべつにそこまでおかしなことは言っていないわけですよ。

斎藤　「あの血は止まるんですか？」みたいな感じでわりと遠慮がちにコメントというか質問しただけでした。

——何か言葉尻を捕らえてやろうって最初から狙っていたんでしょうね。

鹿島　ただ、当時は番組に対して「どうなの？」っていう思いがファンの中にあったから、そこでピシッと言ったっていう雰囲気を作ったことはたしかですよね。

——あと、これはジャパンプロレスの先輩である新倉史祐さんに聞いたんですけど。馳さんもバラエティ番組に出るのが初めてで、デビュー前にお笑いみたいな感じでいじられてキャラクターが壊されたらたまらないっていう思いがあったらしいんです。それでナーバスになっているから、『何かあったら一発カマしてやれ』って、ボクが言っちゃったんですよ」ってことを新倉さんが言っていましたね（笑）。

鹿島　そのプレッシャーもあって、どこで嚙みつけばいいか考えていたという。だから馳さんは馳さんで、いろいろと事情があったんでしょうね。

斎藤　結果的にあれがひとつのきっかけとなって、『ギブUPまで待てない!!』はスタジオトークのコーナーをやめちゃいましたからね。

——馳浩はデビュー前から番組のコーナーをひとつ潰していたという（笑）。

鹿島　それだけの大騒動だったわけですけど、今回のオリンピック招致発言で炎上する前、じつは馳さんは邦子さんを地元に呼んでイベントをやっていたんですよ。だからやり手なんですよね（笑）。

——「本当は仲がいいんですよ」みたいなことをやっていましたね（笑）。

斎藤　それよりもずっと前に再会はしてて、喧嘩も和解もなく、わりと普通に接触しているという話でした。プロレス的な長編ドラマのワンシーンとしては、ノアのテレビ中継の解説席に座っていた山田邦子とその日、試合で入場してきた馳浩がリングサイドで30数年ぶりに再会を果たすという〝演出〟が用意されていましたね。

鹿島　２０２１年１月のノア後楽園大会ですよね。

斎藤　新しいファンのあいだでは「あの接触には何か意味があるんですか？」っていう人もわりと多かった。１９８７年の『ギブUPまで待てない!!』を知らない世代ですね。

「猪木vsマサ斎藤も、猪木vs長州をストップしたのも馳浩。１９８７年の馳浩、ルーキーなのにすでにおそるべしです」（斎藤）

鹿島　でも、よく考えたらそれが普通ですよね。1987年って余裕で30年以上前ですから、あれを観て「ああ、あのふたりだ！」って騒いでるヤツがおかしいっていう（笑）。邦子さんも当時は人気絶頂で、テレビ界のスーパースターだったっていうことも知らない人がいるかもしれないですよね。

——80年代末から90年代にかけて、タレント好感度調査で8年連続1位だった人だけど。

鹿島　まさに「やまだかつてない」タレントですよ（笑）。

斎藤　そのくらいの時間が経っていても、まるできのうのことのようにそれを熱く語れるのがプロレスファン（笑）。

鹿島　たまんないですね、プロレスファンは（笑）。

——だから、いまだに語られる『ギブUPまで待てない!!』での事件もすべて、馳浩の国内デビュー戦へのフリになっていたということですよね。そしてデビューした『イヤー・エンド・イン・国技館』（1987年12月27日、両国国技館）も特番ですから。

鹿島　年末の特番ですよね。いまから考えるとあれって凄い興行でしたよね。

斎藤　たった1日の出来事とは思えないくらい、いろいろなことが起きた日でした。

——ノーカット版のDVD、ブルーレイを出してほしいくらいで（笑）。

鹿島　ファンの喜怒哀楽が全部入っていましたよ。

——あの日の特番は、まず山田恵一と船木誠勝の「骨法対決」でスタートして、たしかその次に小林邦昭の持つIWGPジュニア王座に馳浩が日本デビュー戦でいきなり挑戦だったんですよ。

斎藤　あれって生放送でしたっけ？

——いや、大会翌日の録画放送でした。録画なのでいくらでもカットできたはずなのに、カード変更で藤波辰爾&木村健悟vsマサ斎藤&長州力の最中に観客席からゴミが延々と投げ込まれたシーンをしっかり流してたのは凄いですよね。

鹿島　鳴り止まぬ「やめろ！」コール（笑）。

斎藤　いまそこでやっている試合をやめさせるための「やーめーろっ！」コールを観客が起こすなんて前代未聞でした。

鹿島　しかも「やめろ！」コールも自然発生でしたもんね。ファンの悶々とした気持ちが一体となって「やめろ！　やめろ！」っていうコールに集結したって、凄いパワーですよ。

——そして国技館に食べかけの弁当箱が宙を飛び交うという（笑）。

鹿島　あんな試合、観たことない（笑）。

斎藤　頂上対決最終章としての猪木vs長州に対する期待感がもの凄く大きかったのに、当日になってそれが猪木vsベイダーに変更されたことによって、観たいものが観られなくなったファンの怒りが爆発してしまった。

——当初はメインが猪木vs長州で、藤波&木村vsベイダー&マサ斎藤だったんですよね。ところが、たけしプロレス軍団がベイダーと一緒にリングに登場して、ガダルカナル・タカとダンカンが「猪木と一騎打ちをやらせろ！」ってアピールしたら、猪木さんが「受けてやるぞ、コノヤロー!」って返しちゃった。

鹿島　みんなが一斉に「え〜〜っ!?」っていう。“俺たちの猪木”だったら一笑に付すと思っていたら。

——だから猪木さんの読み違えの最大のものですよね。客席に向かって「どうですかー!」って聞いてるのに、みんなが「やめろ!」って言ってるんですから（笑）。

鹿島　そこで最初の「やめろ!」が出るわけですよね（笑）。

斎藤　1987年頃の猪木さんの仕掛けは、かなり空振りが多かったかもしれない。

——それでカードが変更になって「やめろ!」コールがあって、その試合後に長州が「試合だけはやらせてくれ!」ってマイクでアピールするわけですよね。

斎藤　あれはもう涙、涙のマイクでした。

——本当に切々と「みんなわかってくれ」という感じで。そうしたら猪木が登場して、「じゃあ、やってやるか」となって。一度は消滅した猪木vs長州を、また急きょ猪木vsベイダーの前にやるというズンドコぶりで。

斎藤　ところが、その試合はたった6分で尻切れトンボで終わってしまった。ボクなんか結末さえよく憶えていない。

——なぜ、たった6分だったかというと、猪木がいきなりラフでいって、すでに1試合闘っている長州を血だるまにしたんですよね。そして卍固めをかけたところで、大流血を見かねた馳が乱入して長州を助けたために反則負けになったという（笑）。

斎藤　そこでもまた馳が重要な役回りを演じていた。

鹿島　凄いなあ（笑）。

斎藤　猪木vsマサ斎藤をストップしたのも馳浩で、猪木vs長州をストップしたのも馳浩。1987年の馳浩、ルーキーなのにすでにおそるべしです。

「知事選の応援演説に来た橋本聖子さんが、『馳さんはとにかく使い勝手がいい』って言っていたのが印象深い」（鹿島）

——「ドラゴンストップ」どころじゃないっていう。猪木vs長州をたった6分で終わらせた怒りの矛先は、当然、試合を止めた馳にも向かうから、国内デビューの日にいきなり逆風が吹いたこともたしかなんですよね。

鹿島　馳浩デビュー戦は、小林邦昭から一発でIWGPジュニア王座を獲りましたけど、あれも雰囲気よくなかったですよね。

斎藤　初公開の新必殺技ノーザンライト・スープレックスで小林邦昭から完全な3カウントを奪って、一夜にして番付をひっくり返しましたが、あまりにも唐突というか順風満帆すぎて当時のファンが拒絶した部分はあった。

鹿島　だからタイガーマスクのデビュー戦みたいに、一夜にしてスター誕生とはならなかったんですよね。

斎藤　試合後、馳がマイクアピールをしたら、やたら声が甲高くてみんながずっこけたという場面もありました。

——「高田!　越中!　山崎!　山田!」って、これからライバル抗争していく人たちの名前を挙げて、「俺は獲ったぞ！　1月が勝負だからな！」って言ったんですけど。その「1月」っていうのは、新春シリーズで初めて『トップ・オブ・ザ・スーパージュニア』のリーグ戦をやることが決まっていたんですよ。

斎藤　すでに演出する側の立場で政治的なんですね。リング上から次期シリーズの予告編をやってしまったわけです（笑）。

――いまのプロレスだとそれがよくあるじゃないですか。

斎藤　でも、その100点満点みたいな流れるような展開づくりが当時のファンにはあまりウケなかった。

鹿島　鼻につく感じがありましたよね。

――だから売り出しがかならずしも成功したわけではなかったけれど、1987年の馳浩を振り返ると、もの凄く推されていたことはわかりますよね。

鹿島　それで言うと既視感があるなと思ったのは、馳が石川県知事選挙に当選したとき、あれは森喜朗が後押ししたんですよ。森喜朗というのは石川県では絶大な力を持っているんですけど、それまで石川県知事は森さんとは仲の悪い人がずっとやっていて、それをひっくり返すべく自分の最後の秘蔵っ子である馳を立たせた。だから最初の時点で「これは馳の圧勝だな」って思ったんですが、あまりにも手際がよすぎて出馬宣言も早くて（笑）。

――ここでも用意周到すぎた（笑）。

鹿島　だから最初は凄く苦戦していたんですよ。それで最後に辛勝でやっと知事になったんですけど、最初からうまくできすぎて地元からブーイングを浴びるこの感じをどこかで見たなと思ったら、国内デビュー戦と同じなんですよ（笑）。

――IWGPジュニア王座が石川県知事の座に変わっただけで、歴史は繰り返したんですね（笑）。

鹿島　その知事選の応援演説に橋本聖子さんが来たときも印象深くて、橋本さんは「馳さんはとにかく使い勝手がいい」って言っていたんです。それってプロレス時代とまったく同じじゃないですか（笑）。プロレス界でも政界でも同じ評価なんですよね。団体にひとりああいう人がいると助かるっていう。

――やろうと思えばメインイベントもできるし、初来日の外国人の相手もできるし、道場では若手のコーチもやっていましたしね。

鹿島　あのくらいのネームバリューがあれば、団体を興してやってもいいぐらいなんでしょうけど。

斎藤　でも、自ら団体をつくるタイプではなくて、内側から、その心臓部で政治力を発揮するタイプ。馳浩が挑戦したIWGPヘビーのタイトルマッチってありましたっけ？

――一度、橋本真也と大阪府立でやっているはずですけど（1994年12月13日、大阪府立体育会館）、それくらいしか記憶にないですね。

鹿島　リック・ルードとの試合はなんでしたっけ？

斎藤　あれはWCWインターナショナルヘビー級王座っていう、そのときだけ存在していたベルト。

鹿島　あった、あった。絶妙にトップじゃないベルト（笑）。

斎藤　デザインだけはフレアー・ベルトなんだけれどWCW世界ヘビー級王座ではないというビミョーな勲章。そのベルトを馳浩が奪取したので、議員会館の部屋に飾られているレプリカベルトは、まさにそのフレアー・ベルトです。

——あの試合でベルトだけでなく、リック・ルードから腰クネまで馳が引き継ぎましたよね（笑）。

鹿島　そして昭和ファンをどんどん怒らせていくという（笑）。

斎藤　猪木さんが国会議員となって現場を離れ、長州政権になってからの馳浩はすでにアシスタントブッカーでした。90年代の始めから、馳さんはすでにプロデューサーのポジションになっていたんです。

「馳浩は〝県知事のあと〟のことも絶対に考えていると思う。ボクは満を持しての国政復帰だと思っています」（斎藤）

——グレート・ムタの日本初見参のサムライ・シロー戦がイマイチ盛り上がらなかったら、2戦目は自分が出ていって大流血戦をやってムタをブレイクさせたりもしましたよね。

斎藤　ボクたちは今日ここでプロレスラー馳浩について語っているわけだけど、プロレス時代の役割と現在の政界での役割は、ある意味、同じだと思うんです。

鹿島　あの抜け目ない感じと、ちゃんと誰か強い人がバックにいて、そこのサポートを献身的にするという。それが鼻につきすぎて虎の威を借る感じもめちゃくちゃ出てくるんですけど、それはプロレスラー時代からいまも同じですよね。だからボクは、馳浩を「プロレスラー議員」だとも思わないんですよ。ちゃんと森喜朗にスカウトされて、いわゆる党内の雑巾がけみたいなこともしていますから。

——鹿島さんは、以前から馳浩を「政治家がプロレスをやっていた」と評してましたもんね。

斎藤　いまニュースを見ると、今回、口をすべらせた馳さんについて「元オリンピック選手で、プロレスを経験したのち参議院選挙で初当選」みたいな感じで扱っているんですね。

——プロレスは、オリンピックと議員のあいだに「経験」しただけ（笑）。

鹿島　それで思い出しましたけど、馳さんの公式サイトに馳浩ストーリーみたいな漫画が載っているんですけど、プロレス時代はほんの1コマなんで、かなり端折られてるんですよね。

斎藤　オリンピック出場という経歴がいちばん大きくて、「プロレスも経験」となっているんです。オリンピック出場の経歴にケチをつけることはできないけれど、彼の場合、グレコローマンで日本代表の座を狙ったわけです。フリースタイルのほうが遥かに選手層が厚いわけですよね。大学4年のときにロサンゼルスオリンピック出場を見据えて計画的にグレコの選手になった感じがある。

鹿島　だからそのへんの戦略も凄いですよね。ライフプランというか、「オリンピック出場」ありきで、逆算して行動している。その抜け目のなさ加減が、昭和から見ているプロレスファンからすると、うまくやりすぎで鼻についたんでしょうけど。

――最近はそれが有権者も鼻についてるという（笑）。

鹿島　だいぶ実像が知られてきて（笑）。

斎藤　馳浩は今後、県知事のあとは何があると思いますか？　ボクは国政復帰だとみています。

鹿島　国政復帰もあるでしょうね。

斎藤　石川県知事を3期12年務めて、ちょうど70歳になったくらいのタイミングで。いまの超シニアの自民党の重鎮たちがみんないなくなった頃に、待望論とともに満を持して国政に戻ってくるというプランなのではないかと。

鹿島　森喜朗だってそんなに長くはやれない……でも、もしかしたら100歳とかでやっているかもしれないけど（笑）。

――それぐらいの生命力がありそう（笑）。

斎藤　馳浩が参議院で初当選したとき、長州さんの命令で1996年の1・4東京ドームで引退試合をおこないましたよね。でも、そのときも馳さんの中では「次は全日本に行こう」というプランがあったのでしょう。試合後のリング上の挨拶でも「新日本プロレスの10年間、感謝しています。ありがとう、新日本プロレス。さようなら、新日本プロレス」というマイクで、ただの一度も引退の「い」の字も言っていないんです。

鹿島　抜け目ないですねえ。

斎藤　そしてその年の暮れ、『最強タッグ』開幕戦の後楽園ホールに全日本カラーの赤の上下のジャージを着た全日本所属の馳が現れるんです。馬場さんの横に馳が立っている写真が週プロの表紙になった。「あこがれだったんです」っていうコピーですよ。

鹿島　いけしゃーしゃーと（笑）。

――そして全日本では前座からスタートなんですよね。

斎藤　まあ、そのあたりもすべて意味があってのことでしょう。

鹿島　凄いですね。

斎藤　だから〝県知事のあと〟のことも絶対に考えていると思う。大長編小説『馳浩』はいま何章めあたりなんだろう？

鹿島　そうなんでしょうね。だからこそ、主権者である我々は馳さんの今後も注視し続けなければならないと思いますね。

斎藤文彦

1962年1月1日生まれ、東京都杉並区出身。プロレスライター、コラムニスト、大学講師。アメリカミネソタ州オーガズバーグ大学教養学部卒、早稲田大学大学院スポーツ科学学術院スポーツ科学研究科修士課程修了、筑波大学大学院人間総合科学研究科体育科学専攻博士後期課程満期。プロレスラーの海外武者修行に憧れ17歳で渡米して1981年より取材活動をスタート。『週刊プロレス』では創刊時から執筆。近著に『プロレス入門』『プロレス入門II』(いずれもビジネス社)、『フミ・サイトーのアメリカン・プロレス講座』(電波社)、『昭和プロレス正史 上下巻』(イースト・プレス)などがある。

プチ鹿島

1970年5月23日生まれ、長野県千曲市出身。お笑い芸人、コラムニスト。大阪芸術大学卒業後、芸人活動を開始。時事ネタと見立てを得意とする芸風で、新聞、雑誌などを多数寄稿する。TBSラジオ『東京ポッド許可局』『荒川強啓 デイ・キャッチ!』出演、テレビ朝日系『サンデーステーション』にレギュラー出演中。著書に『うそ社説』『うそ社説2』(いずれもボイジャー)、『教養としてのプロレス』(双葉文庫)、『芸人式新聞の読み方』(幻冬舎)、『プロレスを見れば世の中がわかる』(宝島社)などがある。本誌でも人気コラム『俺の人生にも、一度くらい幸せなコラムがあってもいい。』を連載中。

1990年11月1日、日本武道館で佐々木健介とのタッグで武藤敬司&蝶野正洋を破り、IWGPタッグ王座を初戴冠。

［参考資料用］

馳浩
“想い出のアルバム”

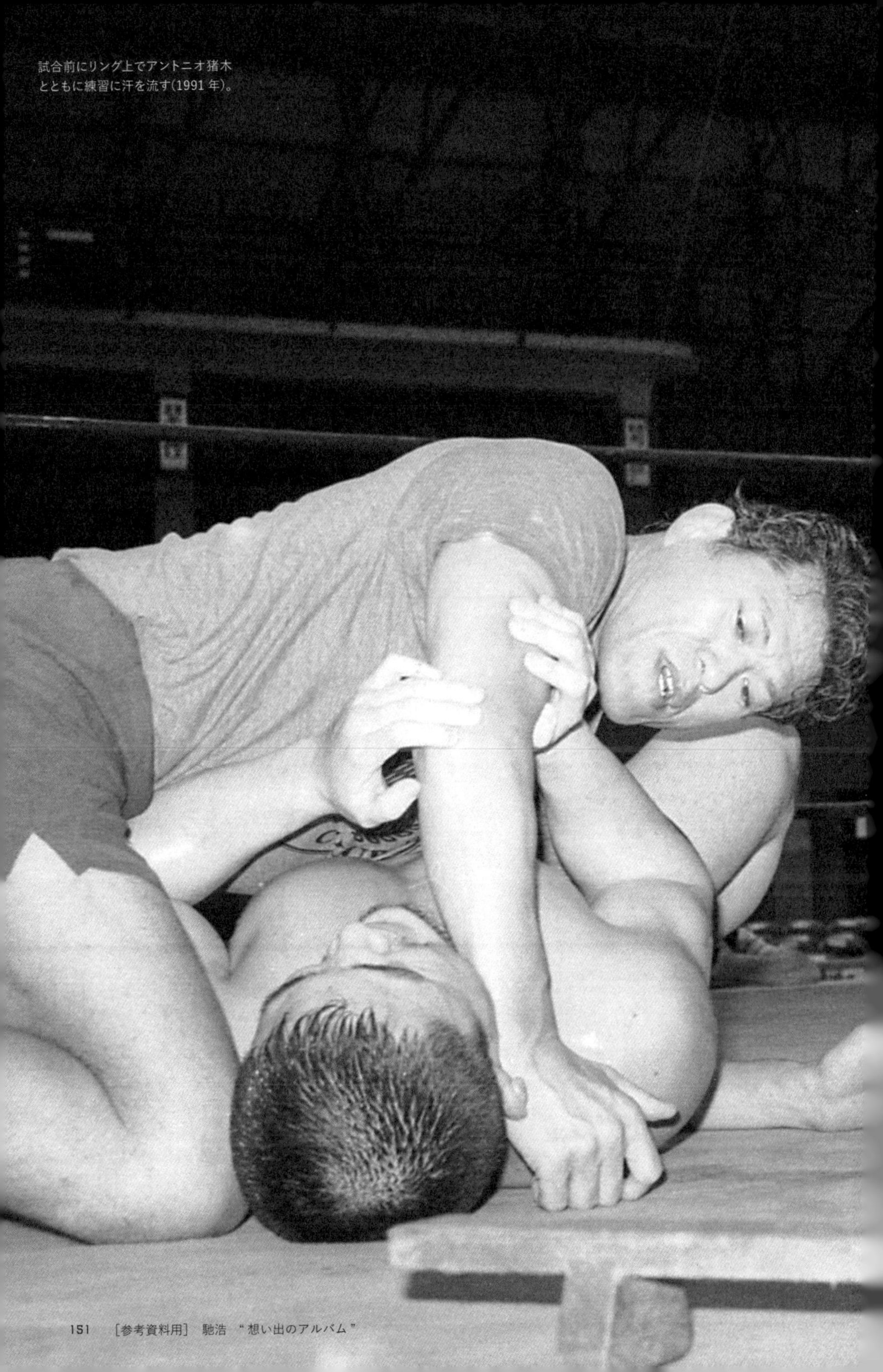
試合前にリング上でアントニオ猪木
とともに練習に汗を流す(1991 年)。

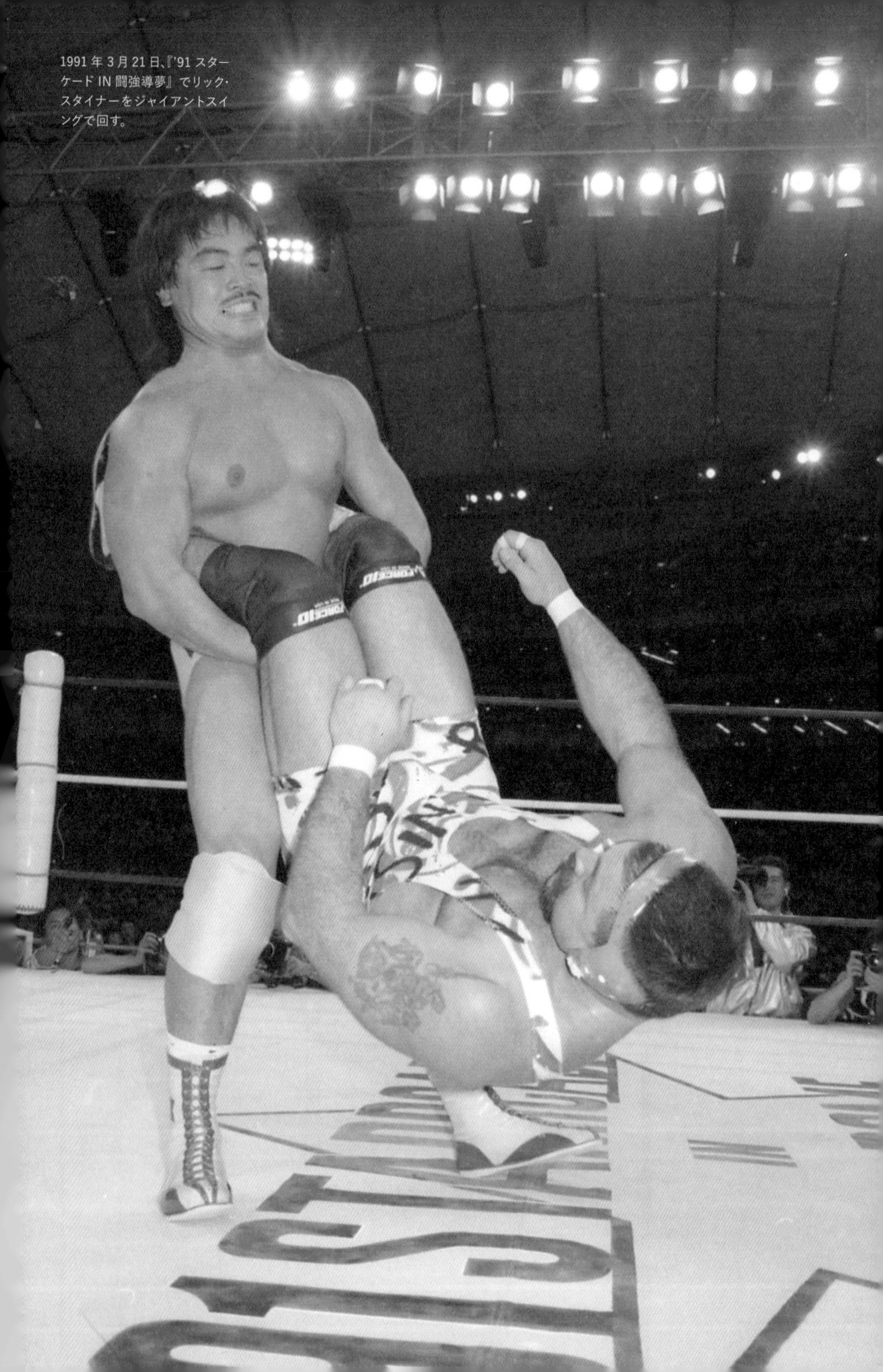

1991 年 3 月 21 日、『'91 スターケード IN 闘強導夢』でリック・スタイナーをジャイアントスイングで回す。

1991年12月18日、巌流島でタイガー・ジェット・シンと闘ってKO勝ち。翌年1・4東京ドームでのアントニオ猪木戦の対戦権利を掴んだ。

TARZAN by TARZAN

ターザン バイ ターザン

番外編

はたして定義王・ターザン山本は、馳浩を定義することができるのか?「これまでの人生、やることなすことがすべて馳マインドなんですよ！　迷うことなく一直線に突き進む男なんよ！　それはひたすら自分が信じた道だけを行っているから偉いわけですよ。凄い男ですよ。馳は“馳浩という生き方”を純粋培養しているわけですよ。全然間違えないし、すべてが正しい選択なんですよぉ！」

絵 マッスル坂井　写真 山内猛　聞き手 井上崇宏

第五十一章 馳浩という生き方

「最初に会ったとき、俺はズバリ聞いたんよ。『なぜ、高校教師を辞めてプロレスラーになろうと思ったの?』と」

――今回のテーマはいろいろと話題になっている馳浩さんです。

山本　2023年は、年始から「県知事なのにプロレスをやっていいのか」みたいに言われてたね。

――それもそうだし、東京オリンピックの誘致をめぐってIOC（国際オリンピック委員会）の委員に内閣官房報酬費（機密費）で贈答品を渡していたと発言して大騒ぎになって。

山本　あれは馳としては「問題ないだろう」と思って言ったわけですよ。その根底にあるのは「俺は偉い人なんだよ」っていう意識なんよ。それがもの凄く強くある人だから（笑）。

――単なる自慢話だったと（笑）。

山本　彼は石川県の知事としてやらなきゃいけないことよりも、「自分は偉いんだ」っていう意識のほうがはるかに上を行ってるんですよ。もともと馳は母校の星稜高校で国語教師をやっていたでしょ。レスリング部の監督も務めていて。

――1984年のロサンゼルスオリンピックに出場もしましたよね。

山本　それがあるとき、プロレスラー転向を宣言したわけですよ。その当時、真夏の8月に石川県でインターハイがおこなわれたんだけど、俺はそれを取材してこいと言われて、暑い中、石川県まで行ったわけですよ。

――取材に行けと言ったのは杉山頴男さんですか?

山本　杉山さん（『週刊プロレス』初代編集長）ですよ。それで俺はもう電車を乗り継いで、乗り継いで、クタクタになりながらアマレスの会場まで行ったわけですよ。それでやっと体育館に着いたと思ったら、暑さにやられてめまいがして、俺は倒れかけて溝に落ちちゃったんですよ。そうしたら右のヒザから血がダラーッと出て、体育館の医務室に連れて行かれたわけですよ。

――選手でもないのに医務室に運び込まれて（笑）。

山本　もう取材どころじゃないんですよ。そうしたら医務室にいた女の人が俺を見て、「あっ、長州力さんですか?」って言ったんよ（笑）。

――「違う、違う！　その人から嫌われてる者です！」と（笑）。それは山本さんの風貌を見てですか?

山本　まあ、身体はデカいし、髪型がこんなだからね。こっちはもう踏んだり蹴ったりよ（笑）。でね、これから馳をプロレス界に送り出すということで、俺は松浪健四郎さんからも「よろしく頼む」というメッセージをもらっていたわけですよ。

――専修大学時代からの馳の恩師ですね。

1992年1月4日、『超戦士IN闘強導夢』でアントニオ猪木と闘って卍固めでギブアップ負けを喫する。

山本　松浪さんには週プロで連載をやってもらったりしていたから、「後輩を頼むぞ」ということでね。それでね、馳と会って俺はズバリ聞いたんよ。「なぜ、高校教師を辞めてプロレスラーになろうとしたの?」と。そこでわかったことは、彼は体育会系なのにちゃんと勉学を学んで大学を卒業しているわけですよ。

——国語の教員免許を取ってますからね。

山本　それで高校で古文を教えているんだから、あの人は文武両道なんですよ。それで明くる日ね、夏休みで誰もいない高校の教室に行って、彼が俺ひとりに向けて講義をしてくれたんよ。なんの講義だったかっていうと、『伊勢物語』の在原業平についてなんですよ。そこで在原業平の辞世の句を黒板に書くわけ。「つひに行く道とはかねて聞きしかど昨日今日とは思はざりしを」と。要するに「死んでいくということが昨日今日のこととは思っていなかった。だけどその日が来てしまった」という辞世の句を俺に解説してくれたんですよ。そのとき俺は「レスラーでこんなことをやるヤツがいるのか!?」とビックリしたんですよ。

「異質なタイプの人間がやってくるぞということを直感したわけ。『これは業界的にはちょっとまずいな……』と思ったんよ」

——当時は大卒ですら珍しい時代ですよね。

山本　「これはとんでもなく変わったヤツがプロレス界に入って来るな……」と思ったんよ。取材に行くまで、俺は彼のことをよくいる体育会系の人間だと思ってたんよ。それで馳が偉いのはさ、取材が終わったあとに俺をクルマで駅まで送ってくれたんよ。それも世慣れているというかさ。それで、そのクルマの中で俺はさっきの質問をしたんよ。「なぜ、高校教師を辞めてプロレスラーになろうとしたの?」と。それがいちばん重要なポイントだから。そうしたらさ、「たしかに高校教師もやりがいはあるけれど、もっと広い世界で勝負してみたい」と彼は言ったんですよ。その言葉を聞いたときに「コイツは坂本龍馬だな。ただ者じゃねえな……」と思ったんですよ。結果的に彼は本当に広い世界で勝負するんだから、それは並々ならぬ自信に裏打ちされていた言葉だったということがわかるわけ。つまり寝言でも空想でもなかった。

——その時点では一介の高校教師なのに凄いですね。

山本　これは恐ろしい男だなと。なおかつ馳は運転しながらこう言うんですよ。これから専修大学の先輩である長州力のジャパンプロレスに入るというのに「山本さん、いま、時代はＵＷＦですよね」って。

——流行にも敏感。

山本　「あっ、本当はＵＷＦに入りたいのに学閥の流れでジャパンプロレスに行くんだな」と思ってさ、これはえらいタマだなと。「コイツは今後いったいどうなるんだよ?」と思ったんよ（笑）。だって本音と建前が違うわけですよ。要するにそこにも自分に対するもの凄い自信と信頼が裏打ちされているわけ。それと大事なキーワードがあって、松浪先生が俺に話してくれたんだけど、「じつは彼は養子なんだよ」と。

――そうなんですよね。もともとの姓は馳ではなかった。

山本　生まれは石川じゃなくて富山で、兄弟の多い家庭で育ったと。それがある日、叔父さんの家には子どもがいなかったらしくて、ひとり里子というか養子でほしいという申し出があったわけですよ。そうしたら彼の両親は、誰かひとりを里子に出すのはかわいそうだなと思うわけじゃないですか。

――馳は三男坊なんですよね。

山本　それで両親が子どもたちにそういう話があると言ったら、そこでもう迷わずに馳が「ボクが行きます！」と（笑）。

――自ら名乗りを挙げたと。まあ、そんなにハキハキして言ったかはわからないですけど。

山本　普通だったら両親のもとを離れることは不安で悲しいことじゃないですか。でも彼はその時点で自分は両親のもとで、あるいはこの地域で終わるような人間じゃないと思っているわけ。「ここが抜け出すチャンスだ」ということを知っていたんよ。そこにも自分の実力や才能に対する自信があったわけですよ。

――農家の家庭だったんですよね。

山本　農家の三男坊として、そこの世界で終わる気がなかったんよ。叔父さんの家が裕福だったかはわからないけど、迷わずに手を挙げて、それに対して家族はみんなドン引きしたわけですよ。

――家族はみんなドン引きしたって、それも松浪さんが言ってたんですか？（笑）。

山本（聞かずに）そのエピソードと「高校教師もやりがいはあるけれど、もっと広い世界で勝負してみたい」という言葉が俺の中でリンクしてるんですよ！　それが馳浩という人間の絶対的なアイデンティティなんですよ！　すべて「俺は偉い人間なんだ」っていう根拠がないとできないことじゃないですか。

――最初から高校教師も通過点として捉えていたと。

山本　そう。つまりネクストに向かっての踏み台というか、出世街道というか、そういうことを見据えたラインを頭の中で描ける男なんですよ。だから俺はそのときに「コイツは絶対に大物になる！」と思ったもん。いままでのプロレス少年からプロレスラーになったタイプではない、異質なタイプの人間がやってくるぞということを直感したわけ。そうなると「これは業界的にはちょっとまずいな……」と思ったんよ。

「松浪先生がこう言ってたんですよ。『彼はとにかく野心的な男だ。だけどその野心を心の中に秘めて隠している』と」

――何がまずいんですか？

山本　要するに「この男は浮いてしまうだろうな」という予感があったんよ。その予感は当たって、馳は最後まで浮いていたわけですよ（笑）。彼は体育会系というよりもインテリ系だから、そうすると叩き上げでプロレスに入ってきた人間からすると、「なんだコイツ、鼻につく態度をして」となるんですよ。

――叩き上げからすると、いちばん嫌なタイプというか。

山本　それで実際に馳は孤立するわけですよ。だから（獣神サンダー・）ライガーがよく言ってたんよ。「馳とはプロレスをやれない」と。それはライガーがみんなの気持ちを代表して言うわけですよ。そして闘魂三銃士から見ても、馳は才能があるけれど異質な人間だということでちょっと距離を取られるわけですよ。それでさ、これも松浪先生が言ってたんだけど、「彼はとにかく野心的な男だ。だけどその野心を心の中に秘めて隠している」と。その例としてオリンピック代表を決める最終選考の大会の話をしてくれたわけ。

――松浪先生はなんでも教えてくれますね。

山本　当時、馳は本命でもなんでもなくて、誰も彼が優勝できるなんて思ってもいないノーマークの選手だったんですよ。ところが周囲の予想を裏切って、勝って、勝って、勝ちまくったらしいんよ。それはなぜ勝ったかと言うと、彼は合同練習のときにわざとライバルに負けるらしいんですよ。

――野心も実力も隠すと。

山本　それで油断をさせておいて、本番では相手の得意技を出して勝つらしいんよ！　だからみんなが「なんなんだ、コイツは!?」となったときにはもう優勝してたらしいんよ（笑）。それで馳はグレコローマンでオリンピック代表の座を獲ったんですよ。「馳というのはそういう男だよ」と松浪先生が俺に教えてくれたわけ。凄い戦略家というか、エゲツないというか、汚いというか（笑）。自分がプロレスラーになるためには何か勲章が必要で、その勲章としてオリンピック代表にならなきゃいけない、それを実現させるためには手段を選ばないわけですよ。それを実行して実際に結果を出してるわけですよ！

――凄い達成力ですね。

山本　それが俺にとって「馳浩・二大ショック事件」ですよ。養子になることに手を挙げたこと、大番狂わせでオリンピック代表になったこと。

――ということは、かつての週プロの表紙コピーじゃないですけど、子どもの頃から「馳、お前、そんなところで、何をやってるんだ？」状態だったわけですね。

山本　常に浮いてるわけですよ。浮いてるんだけど、自分はその場に適した人間であるという思い込みと確信があるから平気で行動できるわけですよ。「俺はそのへんの人間とはモノが違う」というさ。そういう馳のやり方、生き方でいちばん象徴的だったのは、長州から強引に引退させられたときですよ。

——1995年に参議院議員になったときですね。

山本　あそこで引退させられたことを馳は恨んでたんだよね。それで、馳は何をやったかと言うと、全日本プロレスに入ったんですよ。全日本とは極秘裏に話を進めなきゃいけないわけだけど、ある日、馬場さんがキャピタル東急ホテルの『オリガミ』の隣にある喫茶店に俺を呼んだんですよ。そこに行ったら馳がいたんですよ。

——「馳、お前、そんなところで、何をやってるんだ？」と（笑）。

山本　俺はもうビックリしたわけですよ！　要するに馳との契約交渉の場だったんだよね。だったら、ふたりでやってよと思うじゃない。むしろ俺を呼んだらまずいわけじゃないですか。

——いちおうマスコミですからね。

山本　絶対的なスクープだからね。でもスクープにしてはいけないというのが馬場さんのルールなので、俺は黙っているしかないわけですよ。そうしたら馳は凄いよ。自分からの要求はなんにも言わなかった。馬場さんの顔を見たときに馬場さんが何を求めているかを一瞬にして把握したわけですよ。馳が全日本に入るときに馬場さんにとっては悩みの種がひとつだけあると。それは三沢（光晴）、川田（利明）、小橋（健太）たちにとって、馳は新日本から来たレベルの高いよそ者になるわけだから、そこのバランスはどうしたらいいんだという問題があるじゃないですか。

——格ですね。

山本　馬場さんはそこをいちばん気にしていたわけですよ。それを馳も気にしているわけですよ。

「プロレスラーとしての馳の転機はどこだったかと言うと、第3回のG1クライマックスですよ！」

——全日本内でどのポジションで扱えばいいのかと。

山本　そう。でも、そのときに馳はハッキリとこう言ったんですよ。「私はコレ（お金）とマッチメイクに関してはすべて馬場さんにおまかせします。私からの要求は何もありません。これからよろしくお願いします」と。その瞬間に不安でいっぱいだった馬場さんの顔が「ああ、助かった……」みたいなホッとした表情になってさ（笑）。そこで契約完了ですよ！

——でも馬場さんは、どうしてその場に山本さんを呼んだん

1995年1月4日、『'95闘強導夢 BATTLE7』で入場後にコーナーに上がり、観客席にTシャツを投げんとする。

TARZAN by TARZAN

ですかね？

山本　いまでもなんで俺が呼ばれたのかわからないんだけど、俺がいたほうがクッションになるからかな。とにかくあのときの馳は全日本に入ることが目的であり、それはすなわち長州に対しての復讐だったと思うんですよ。俺はそんなところに同席してるわけだから、「これが長州にバレたらヤバいな……」と思ってたんよ（笑）。

――今度は山本さんが不安でいっぱいの顔になって（笑）。あらためて聞きますが、馳はなぜあのとき強引に引退させられたんですか？

山本　当時、馳は新日本の道場でコーチをしていて、若手のみんなが馳になびいていたわけですよ。若手の中に馳一派ができあがっていたというか。そして馳がコーチをすることになって、新日本の道場イズムというか、それまでの山本小鉄的な不条理教育から非常に合理的な教育に変わったわけですよ。つまり教師型コーチになったわけですよ。

――受験対策的な指導をおこなうようになったと。

山本　だから猪木さんとかは「馳がコーチになったことで新日本は堕落した」という見方をしたりしたわけですよ。猪木さんは馳に対してはノーだったわけじゃないですか。

――長州さんはどうだったんですか？

山本　だから「このまま行くと新日本は馳の世界になってしまう」というか、すっかり馳ワールドに染められてしまうという危惧があったんよ。だから「これはヤバいな」ということで引退させたんよ。そこで馳は「なぜ、俺が引退させられなきゃいけないんだ？」って思うわけじゃないですか。だからまあ、あれは要するに排除だよね。だってさ、巡業である旅館に行ったときに掛け軸が飾ってあって、そこで長州が「おい、馳。この掛け軸にはなんて書いてあるんだ？」と何の気なしに聞いたら、それを馳はさらっと読んだらしいんよ。そうしたらやっぱり脅威に感じるよね。

――そこで!?「これは相当頭がキレるぞ……」って（笑）。

山本　ちょっとモノが違うなと（笑）。

――「コイツが来るまでは俺がいちばん頭がいいと思っていたのに」と（笑）。

山本　何か特殊能力を持っていやがるなと。だからトップの人間というのはみんなややこしいわけで、それに対してどう要領よくやるかってところで豊臣秀吉なんかはごますりの天才だったわけでしょ。それでさ、馳は全日本に入ってからもまたしゃらくさいことをやるんですよ。「馬場さん、私はこれまでの新日本でのキャリアは関係ないと思っていますので、私を第1試合で使ってください」と。よくもまあ、そんなことをしゃあしゃあと言えるなあと思ってさあ！（笑）。

――それで馬場さんは馳に対してはずっと好印象なんですか？

山本　すっかり馬場さんのお眼鏡にかなったわけですよ。だから馬場さんは馳を呼んでプロレスの帝王学を教え始めるわけですよ。

――「2階席からリングを見てみろ」と言ってみたり。

山本　「リングというのはお客に四方八方から見られていて、リングサイドの人間だけじゃないよ」「試合というのは横の動きだけじゃなく、縦の動き、上下左右があるんだ」みたいなことをすべて教えたわけですよ。俺はビックリしましたよ！

――まんまと（笑）。

山本　まんまと！　馬場さんはほかの選手には教えないのに、馳にだけは帝王学を叩き込んだんですよ。まあ、馬場さんの晩年は教え魔ではあったしね。それで新日本時代に話を戻すけど、プロレスラーとしての馳の転機はどこだったかと言うと、第3回のG1クライマックスで藤波辰爾が優勝したでしょ。あのとき馳はガチャガチャガチャ～と上がってきて、決勝まで行ったんですよ。

――まんまと（笑）。

山本　当時のG1の華というのは「番狂わせ」なんよ。第1回、第2回とまったくのノーマークだった蝶野（正洋）が優勝して、しかも連覇を果たしたと。そういったサプライズがG1そのものを価値のあるものにしたわけじゃないですか。それだったら第3回も番狂わせで馳が優勝ですよ。

「すべてに結果を出していて、あまりにも結果を出しすぎたことによって今回の失言をしてしまったわけよ」

――番狂わせを起こすために決勝に上がってきたんだなと。

山本　なのに藤波が優勝したもんだから、俺はもうしらけたというか怒ったんよ！　これはプロレス界のことを考えるとよくないぞと思って。それで俺は頭にきて、次の号の週プロで「冷夏のG1クライマックス」ってボロカスに書いたんよ。

――あれは衝撃でしたよ。真夏の祭典なのに「冷夏」と表現して。

山本　そうしたら田中ケロちゃんが「冷夏ではありません！　盛り上がってましたよ！」って猛烈に反論してくるしさ、大変なことになったんだけど。あのときに俺、「もう馳が新日本のトップになることはないな」と確信したね。要するにIWGPヘビー級のチャンピオンになることと、G1クライマックスで優勝することはないなと。俺はあの時点でわかった！

――どういうことですか？

山本　結局さ、それがレスラーの総意なんですよ。馳がトップに立つことをまわりが認めていないというか、嫌がっているというか。馳という存在そのものに対する違和感というか、嫌悪感みたいなものが潜在的にあるんだなということがあそこでわかったんよ。これはもう馳が新日本のトップになるこ

1996年11月16日、全日本プロレスの最強タッグ開幕戦となった後楽園ホールで、同団体への正式入団を発表した。

とはないなと。馳はこのまま優秀な中間管理職で終わるんだなということを悟ったんよ。だから馳本人の中でもプロレスに対する幻想がなくなったんよ。

――そこで「俺はこんなところで終わる人間じゃない」と発想するのが馳ですけど、そのときは？

山本　第3回のG1が１９９３年だけど、１９８９年に猪木さんが参院選に出馬して初当選したでしょ。あのときの選挙活動で馳は猪木さんの付き人をやったわけですよ。そこで馳は政治の世界をじっと見て、「あっ、プロレスよりも政治のほうが広い世界だな。こっちに行こう」という頭に切り替わったわけですよ。

――ボクが高3のときにその参院選があって、岡山駅前でやった猪木さんの選挙演説を見に行きましたよ。そうしたら馳がいて「馳さん、握手してください！」って言ったら、「選挙権がないからダメだ」って言われたんですよ（笑）。「えっ、そんなことを言う？」と思って。

山本　リアルだねえ！（笑）。

――で、「これ、親に渡しといて」ってスポーツ平和党のチラシを持たされました（笑）。

山本　だから彼は凄くリアルなんですよ。逆に言えば、リアルでしか生きていけない人間なんですよ。馳は森喜朗さんのバックアップがあって出馬して、当選して国会議員になって、文科省の大臣にまでなったわけじゃないですか。だけど、そのあとは大臣にはなっていない。そこでまた彼の中で限界を感じたわけですよ。それで何百人もいる国会議員の中のひとりでいるよりは石川県知事でトップになったほうがいいと考えたんよ。だからやることがすべて計画的なんだよね。

――山本さんの語り口が影響しているのかわからないですけど、いまボクは「馳の生き様もカッコいいな」とちょっと思っちゃいました（笑）。

山本　これまでの人生、やることなすことがすべて馳マインドなんですよ！　迷うことなく一直線に突き進む男なんよ！　それはひたすら自分が信じた道だけを行っているから偉いわけですよ。凄い男ですよ。

――人生において後退がほぼないですよね。

山本　ない！　馳は「馳浩という生き方」を純粋培養しているわけですよ。

――二択を間違えたりとかしないわけですよね。

山本　全然間違えないし、すべてが正しい選択なんですよ。そしてすべてに結果を出しているわけじゃないですか。それで、あまりにも結果を出しすぎたことによって今回の失言をしてしまったわけよ。すべてにおいて成功してしまっているものだから、ちょっと調子に乗りすぎたというか、ここにきてやや裸の王様になっているというか。そういうところはあるよね。

「ほとんどミスをしたことのない人間がミスをしたというのは、これはサクセスストーリーを完成させることはできないかもわからんな」

――最初に馳浩を調子づけたのは、ターザン山本だという説がありますよ（笑）。

山本　それはさ、逆なんよ。馳がジャパンプロレスに入った頃、俺はジャパンプロレスとはコレ（手でバッテンマーク）だったんよ。

――コレばっかだな。山本さんも一直線に突き進む人生ですからね（笑）。

山本　そんなときに馳を売り出したいということで、長州から声がかかって「馳を取材をしてくれ」と。俺は「長州から呼び出された。まずいな、これは……」と思って、おそるおそる池尻にあったジャパンプロレスの道場に馳に会いに行ったんですよ。それで俺は「長州に頼まれたんだから、やることやらなきゃまずいな」と思って、まだデビューもしていないのに馳を週プロの表紙にしたんよ。

――保身のために過剰にプッシュして（笑）。

山本　やりすぎですよ！（笑）。そうしたらデビューもしていない人間を表紙にしたということで昭和のプロレスファンたちが怒ったわけですよ。叩き上げできたレスラーをみんなは美化して応援するわけだから、「なんだ、こんなエリートがよ！」みたいに反発して、そこが馳が国内デビュー戦で失敗してしまった要因のひとつになってしまったんよ。馳がデビュー戦で小林邦昭に勝って、ＩＷＧＰジュニアのベルトを巻いても拍手喝采がなかったもんね。

——あのときはしらけましたよね。

山本　それは馳が飛び級でやってのけてしまったからじゃないですか。あれは俺の責任でもあるんだけど、だって長州に頼まれてしまったからには馳を表紙にせざるをえないじゃないですか……（笑）。

——あのときの馳浩は、長州力とターザン山本の合作ですよ（笑）。

山本　それが裏目に出てしまったわけですよ！（笑）。国内でデビューする前にさ、プエルトリコからカナダのカルガリーに遠征に行って、新倉（史祐）とのタッグでベトコン・エキスプレスになるじゃないですか。そこで彼はヒールとして大成功するんだけど、要するに馳の本当のプロレスの師匠というのは、そのときに出会った安達（勝治＝ミスター・ヒト）さんなんですよ。だからじつは小林とのデビュー戦は非常に洗練度の高いプロレスなんですよ。でも、それをルーキーがやっちゃうと違和感が生まれるというか、めちゃくちゃ不評だったんだよねえ。

——馳の人生において、珍しく失敗があったと。でも、それくらいプロレスって難しいですもんね。

山本　あのデビュー戦と今回の失言というふたつの失敗があるよね。でも、デビュー戦のときは多少は俺のせいもあるけど、今回は本人が完全に調子に乗ってるだけだからなあ（笑）。ほとんどミスをしたことのない人間がミスをしたというのは、ひょっとしたら馳浩のサクセスストーリーを完成させることはできないかもわからんな。そのことはちょっとだけ気になりますよぉ。

ターザン山本！（たーざん・やまもと）1946年4月26日生まれ、山口県岩国市出身。ライター。元『週刊プロレス』編集長。立命館大学を中退後、映写技師を経て新大阪新聞社に入社して『週刊ファイト』で記者を務める。その後、ベースボール・マガジン社に移籍。1987年に『週刊プロレス』の編集長に就任し、“活字プロレス”“密航”などの流行語を生み、週プロを公称40万部という怪物メディアへと成長させた。

2006年8月27日、両国国技館で引退試合をおこなった翌28日、衆議院第一議員会館にて。当時は文部科学省副大臣。

店長
オレらがやってることは
コンポストっていうやつみたいですよ！
どうした新谷くん
興奮しすぎだぞ
見て下さい
これですこれ
要は生ごみを発酵させて
肥料にするっていうやつです
コンポストでSDG's
発酵？
チーズとかみたいに？
そうです
……いや発酵はよく分かんないですけど
いろんなやり方があるって書いてますよ
米ぬかとかダンボールとかトートバッグとか

コンポスト（堆肥）とは、まさに現代によみがえったアントン・ハイセル！（違う）

へー
ダンボールコンポストは市が推進していて
市内焼却場で販売中
焼却場で売ってるんですよ
店のお金で1個買ってみませんか
お金が掛かるのはダメだよ
でも
1個500円ですよ
今忙しくないから1個買って来て
仮面サンクス
吉泉知彦
買ってきました
第110話
ダンボールコンポスト
おお!
本当にダンボールだ

不織布の中に
入っているのが基材……
土のことですね
じゃあ今日のごみ入れてみよう
ちょっと待って下さい
米のとぎ汁1リットル入れて一晩寝かすって書いてますよ
やってみよう
ダンボール
とぎ汁？
オレんち無洗米だぞ
オレは白米食べてないんで
うちには米がないです
炊飯器も
このために米を買うのも嫌ですね
うーん
木島くんに聞いてみよう

木島くん
オレだけど
なんですか
電話なんて急に
ビックリするじゃ
ないですか
今日って
ご飯
炊く？
どっちでもいいじゃ
ないですか私がご飯
食べてても食べなくても
そんなこと気にしててんですか
米のとぎ汁が
いるんだよ
とぎ汁？
はあ？
なんでそんなの
いるんですか
意味が分かんないい
コンポストで
使うんだよ
うちは
無洗米だから
とぎ汁なくて
困ってんだ
無洗米？
店長が
いいだろ
オレが
無洗米
でも
……店長が無洗米
ププププ
つづく

KENICHI ITO

涙枯れるまで泣くほうがEマイナー

VOL.37

横綱・白鵬に教えてもらったこと

伊藤健一

（いとう・けんいち）
1975年11月9日生まれ、東京都港区出身。格闘家、さらに企業家としての顔を持つため“闘うIT社長”と呼ばれている。ターザン山本！信奉者であり、UWF研究家でもある。

先月に引き続き、現在、怪我でリハビリ中の私は格闘技の練習ができないので、この時間を有効に利用して、これまでの自分の闘い方を見直してみることにした。

ZSTなどのプロ興行に出るときは、対戦相手が決定してから時間があるので、相手の弱点を徹底的に研究し、そこを試合で徹底的に突いていた。

私にはパンチと関節技というふたつの武器があるため、相手によって闘い方をガラッと変えることができたので、それはよいことだとは思うが、結局その闘い方ではベルトを獲ることはできなかったし、所英男や宇野薫のように、たとえ負けても自分の闘い方を貫くほうが人を感動させられる。

私は格闘家としての自分を否定して、ひどく落ち込んでいた。

そんなときに福岡に出張が入った。

ちょうど大相撲の九州場所をやっていたので、『KAMINOGE』ファミリーであり、現在は宮城野部屋の間垣親方である元幕内力士・石浦に連絡してみると、朝稽古に誘っていただいたので行くことにした。

もちろん前の夜は中洲で飲んだので、宿泊先のグランドハイアットには3時間ほどしか滞在できず、フラフラになりながら朝稽古に向かった。

現在、宮城野部屋には伯桜鵬、北青鵬、天照鵬など将来有望な力士が多くおり、勢いを増している。

宿泊先は、福岡県篠栗町という中洲からクルマで1時間くらいの山奥にあった。

歴史あるお寺のような古めかしさを感じさせる宿泊施設であったが、外にはお洒落なテントサウナがあったりして、お相撲さんといってもみんな若者なので、流行りの「サ活」も好きなのだろう。

宿泊施設に隣接されたプレハブの稽古場に入ってみると、すでに多くの力士たちが身体を動かしていた。

しかし親方である石浦は、相撲協会の仕事があるため不在で、場所中なので激しい稽古はできず、さほど緊張感もなくのんびりとした感じであった。

力士のなかには、正直、私でも勝てそう

な新弟子の子がいて、昔だったらかわいがりをしてそっこうで辞めさせるのだろうが、いまの時代はそれもできないので、やさしく怪我をさせないように稽古をつけてあげていた。私はその新弟子の子のことが気になり体重を聞いたら、どう考えても80キロくらいしかなさそうなのに「120キロです」と、見栄を張って嘘をついていたのがかわいかった（笑）。

そんなヌルい稽古場に突然、緊張感が走った。そう、元横綱・白鵬こと、宮城野親方が稽古場に入ってきたのだ。

部屋には北青鵬という力士がいる。

204センチ、180キロの恵まれた巨体だが、『KAMINOGE』読者なら理解できるであろう、ジャンボ鶴田的というか、大男にありがちな今時の若者である。北青鵬は4連敗中だったので、訪れた親方にいきなり喝を入れられ、のんびりとやり過ごすはずの朝稽古は、一転して親方のマンツーマン指導という地獄の特訓の場と化していた。

しかし、弟子たちに手本を見せる親方の所作がいちいち美しく、格闘家として頂点に立った人の凄みを見る。

北青鵬への指導を終えた親方は、宿泊先に戻り、鏡の前でブラシで髪型をセットしながら場所に行く準備をしていたので、私は思いきって自分の闘い方についての悩みを、格闘技の頂きである親方に吐露してみた。

すると親方は、私のような三流格闘家の叫びに対し、髪型のセットを止めて真っ直ぐに話してくれた。

「あなたの考え方は素晴らしいです。弟子たちも見習ってほしい。私も現役中に毎晩寝られないほど相手の研究をしていたが、結局自分の型をやりきるという結論になった。しかし本当はそれでもダメで、『自分の型を持つべきだが、それにこだわるな』というのが、私が出した答えです」

親方に誉められたことが嬉しかったし、横綱という頂点に立っても、毎晩相手のことを研究して寝られなかったという事実。そして「自分の型を持つべきだが、それにこだわるな」という、頂点に立った人が出した究極の結論。親方にお言葉をいただき、私はどんな凄いパワーやテクニックよりも、大事なモノを手に入れることができた。

そのあと、プロレス者として一度は行ってみたかった福岡国際センターで九州場所を観戦。さきほどの北青鵬が、6分に渡る熱戦を制して見事勝利!!

のんびりとした朝稽古から転じた親方の熱血指導を見ていた私としては、感動も朝潮ならぬひとしおだった。

石浦、そして宮城野親方、ごっちゃんでした!!

いまの私はいわゆる「片目が開いた」状態であり、2024年はさらなる飛躍が約束されているのだ。

マッスル坂井と
真夜中のテレフォンで。

12/8

MUSCLE SAKAI DEEPNIGHT TELEPHONE

「プロレスっていろんな矛盾を抱えながら
世間と闘ってきているスポーツというか
エンターテインメントなわけで、それを
やっている人たちが〝正論〟を言うのは正しくない。
プロレス自体がけっこうおかしなものなんだぞ
っていう自覚が、だいぶ欠如してきている」

——『KAMINOGE』って、玄文社という出版社が版元なんですけど。

坂井　玄人好みの本ばかり出すことでおなじみのね。

——おなじみではないですけど、その玄文社が何年か前に自社のホームページで『KAMINOGE』のパブ記事をアップしていて、そこに「書店員で知らない人がいないほどのプロレス本！」って書いてあって。

坂井　パブでね。

——私はその記事にはノータッチで、まあ、「書店員で知らない人がいないほど」っていうのはさすがに大きく出たなと思ったんですけど、こうして営業活動してくれてるんだな、うれしいなーって思ったんですよ。

坂井　世の中は分業で成り立っているからね。

——それで最近ですね、その記事をスクショしてツイートしてる人がいて、「ウチの子達はほとんど知らないと思う。書籍扱いか雑誌の区別も分からんし。全員に『KAMINOGE』知ってるか聞いてみたい」と。

坂井　おっ、なんか余計なお世話だな。

——「おっ、なんだなんだ？」って思うでしょ。「ウチの子達は」って言ってるってことは書店員なんですよ。

坂井　ザワザワするなあ。

——「でも書店員がなぜ？」ってなるでしょ。いったいどういう意図のツイートなのかがわからなくて、単純にディスのような気もすると。それでね、そこまでイラッとしたとかではないけど、これに「どうかしましたか？」くらいのリアクションはしようかなと考えたんですけど、その前に塩村あやか先生が「プロレス芸」とつぶやいたことでプロレスラーやプロレスファン、そして新日本プロレスとかが怒ったことがあったでしょ。

坂井　みんな怒ってたね。

——それで新日本が「塩村あやか参議院議

構成：井上崇宏

員の投稿について、同投稿の訂正もしくは撤回を求める意見書を、同議員および立憲民主党宛に送付したことをご報告いたします」とツイートしていたのを見て、「えーっ!?」となって。それって「お見事っ、これぞプロレス」っていうアンサーになってなくない？って気がしてモヤっとしたんですけど。

坂井　プロレス芸という言葉に対してみなさんが怒っているなかで、プロレス団体は反応するべきだったのか？　反応するにしてもどういうやり方があったのか？　っていうことね。

——反応するなら「あっ、〝プロレス〟って本来はそういうものなんですね。なるほど」って世間がなるようなものをするべきだったというか。私は結局その書店員に反応するのをやめたのは、そのときうまいプロレス的な返しが思いつかなかったからで、でも新日本が意見書を送ったっていうのを知って、「俺はプロレスを難しく捉えすぎてるのか？」と思って（笑）。

坂井　あのね、正直それは自分とは関連のない会社のことなのでとやかく言えることはないんですけど、あのときプロレスラー仲間たちがSNS上でレスポンスしているのを見ていて感じたことは、総じて〝正論〟なんですよね。これは微妙というか難しいんだけど、「プロレスラーが正論を返してどうするんだよ……？」って俺は思っちゃったんですよ。

——なんかわかる。

坂井　プロレス芸っていう言葉に気分を害したのはわかるんだけど、その正論でしかないレスポンスって誰に向けたものなのかもいまいちわからない。まずね、プロレスに対するいろんな思いというかプロレス観が個々にあるわけですけど、俺個人はプロレスラーが正論を言ったら終わりだと思うんですよ。だって、いろんな矛盾を抱えながら世間と闘ってきているスポーツというかエンターテインメントなわけじゃないですか？　それをやっている人たちが正論を言うのは正しくないですよ。だって、そもそもが正しくないことばっかやってるんだもん。学校でやったら先生に怒られるようなことしかやっていなくて、人を殴る、蹴る、廊下を走ったら怒られるのにみんな花道を全力で走ってるでしょ。

——高いところからも飛ぶ。

坂井　飛ぶし、むやみやたらに肌を露出したりしているし、年長者が歳下を不必要に痛ぶったりとかもしているし。そういうプロレス自体がけっこうおかしなものなんだぞっていう自覚が、だいぶ欠如してきていることに対して俺は警鐘を鳴らすべきだと思ったけど、これもまた正論だよなあと思っちゃって、何も言わなかったんですよ。

——正論を述べるって難しいですよね。

坂井　井上さんだって、さっきから正論しか言ってない気がしますよ。それとプロレス芸っていう言葉に対して怒ると、芸事に勤しんでいらっしゃる方のこともけなしちゃっているような気もするから、かなりむずい問題なんですよね。

——だから、その気持ちの表明の仕方が大事なのかなって。

坂井　でもどんなプロレスラーだって、なんか最近はちょっと正しいことを言う気持ちよさに酔っちゃってるところがあるかな。自分も含めてですけど、最近はSNSという合法な麻薬に溺れちゃってる気がします。そんなことに依存しなくても「自分たちがいちばんおかしなことをやってるからな！　その自覚を持てよ！」っていう。プロレスラーがいちばん頭がおかしくて、やっていいこととやっちゃいけないことがわかっていないくせに、正論を述べるなんてやめてくれよってあらためて思いますよ。常に間違ってくれよって。いやもうね、俺はプロレスだけやっていたい。やばい、これも正論だ。いまのは「（全日本プロレスの斉藤ブラザーズのような芝居がかった声色で）」と入れておいてもらえますか？　すみません。

№145 KAMINOGE

次号 KAMINOGE146 は
2024 年 2 月 5 日（月）発売予定!

2023年12月11日、“いぶし銀” 木戸修さん永眠。
木戸さんのご冥福をお祈りいたします。
『KAMINOGE』編集部

2023 年 1 月 16 日
初版第 1 刷発行

発行人
後尾和男

制作
玄文社

編集
有限会社ペールワンズ
（『KAMINOGE』編集部）
〒 154-0011
東京都世田谷区上馬 1-33-3
KAMIUMA PLACE 106

WRITE AND WRITE
井上崇宏
堀江ガンツ

編集協力
佐藤篤
小松伸太郎
村上陽子

デザイン
高梨仁史

表紙デザイン
井口弘史

カメラマン
タイコウクニヨシ
工藤悠平

編者
KAMINOGE 編集部

発行所
玄文社
［本社］
〒 107-0052
東京都港区高輪 4-8-11-306
［事業所］
東京都新宿区水道町 2-15
新灯ビル
TEL:03-5206-4010
FAX:03-5206-4011

印刷・製本
新灯印刷株式会社

本文用紙：
OK アドニスラフ　W A/T 46.5kg

©THE PEHLWANS 2024 Printed in Japan
定価は裏表紙に表示してあります。
落丁・乱丁はお取り替えいたします。